미래는 여기 있다. 아직 널리 퍼지지 않았을 뿐이다.

-윌리엄 깁슨-

미래는 현재와 무척 닮았다. 단지 더 길뿐이다.

-댄 퀸스베리-

아마도 인간이 가장 원하는 일들이
가장 할만한 가치가 있는 일들일 것이다.

-위니프레드 홀트비-

진짜 문제는 사람들의 마음이다.
그것은 절대로 물리학이나 윤리학의 문제가 아니다.

-알버트 아인슈타인-

메타버스는 커뮤니티다.

-90일 작가 프로젝트-

메타버스는 커뮤니티다.
-90일 작가 프로젝트-

저　자　김지혜(올레비엔), 김하경(부자멘토)
　　　　박다원(데레사), 짐승Q, 최영(영업의신조이)
저자이메일　bnseoul66@gmail.com

디자인　김지혜(올레비엔)
발　행　2023년 01월 30일
펴낸이　한건희
펴낸곳　주식회사 부크크
출판사등록　2014.07.15.(제2014-16호)
주　소　서울특별시 금천구 가산디지털1로 119 SK트윈타워 A동 305호
전　화　1670-8316
이메일　info@bookk.co.kr

ISBN　979-11-410-1253-3
가　격　15,400 원

www.bookk.co.kr
© 90일작가프로젝트 2023

이 책의 인세는 1000권 판매시까지 기부됩니다. 기부금액에 대한 자세한 내용은 네이버 프리미엄 [여행작가 올레비엔과 90일 작가되기] 채널에서 확인하실 수 있습니다.

〈 90일 작가 되기 프로젝트 〉

메타버스는 커뮤니티다

METAVERSE COMMUNITY

공저 김지혜 / 감하경 / 박다원 / 짐승Q / 최영

누군가는 이미 메타버스에서 꿈을 이루고 있다.

**메타버스의 발전은 기술이 결정하지만,
메타버스의 승패는 커뮤니티가 결정한다.**

머리말

이미 작동 중인 메타버스

메타버스^{Metaverse}는 어느샌가 익숙한 단어가 되었다. 그러나 아직은 누구도 명확히 설명해주는 사람은 없다. 사명을 메타^{Meta}로 바꾸고 메타버스로의 전환을 선언한 페이스북의 창업자 마크 저커버그^{Mark Zuckerberg} 조차도 메타버스의 실체를 모른다는 말이 있을 정도다.

이 책은 지금 이 순간 메타버스에서 실제 무슨 일이 일어나고 있는지를 이야기해 보려고 한다. 대부분은 메타버스가 미래에 올지도 모르는 미래 중 하나로 여기고 있지만, 사실 메타버스는 이미 온 미래이며, 이미 작동하고 있다. 매 순간 기술적 진화를 계속하면서, 미래의 가능성을 더 확장하고 있다. 그러나, 기술적인 한계 때문에 한낱 게임처럼 분류되기도 하고, 일부는 아직은 메타버스라고 부르기에는 시기상조라고 말하기도 한다. 현실적으로는 이미 많은 사람들이 메타버스 안에서 현실을 바꿔가고 있으며, 참여자들은 적극적으로 메타버스만의 양식을 구축하면서, 다양한 분야와 접목시켜나가고 있다.

아직은 메타버스의 미래에 대해 단언하기는 어렵지만,
확정적 미래인 메타버스는 시작점에 서 있는 것이 확실해 보인다. 다른 기술들처럼 메타버스도 시행착오를 거치면서, 효율적이고 합리적인 규격을 만들어 가면서 미래로 향할 것이다.

태동기의 메타버스의 주체 커뮤니티

2023년 현재, 메타버스는 태동기라고 할 수 있다. 중요한 것은 지금 이 순간에도 사용자가 있다는 것이다. 어떤 기술이든 사용자가 정답이고 미래다. 현시점에서 메타버스 사용자는 창의적으로 메타버스를 현실에 적용하고, 방향성을 정해주기도 한다. 메타버스의 미래나 기술에 대해서 이야기 하려는 것은 아니다. 메타버스 앱 중의 하나인 이프랜드^{Ifland}에서 인플루언서로 활동하면서 확인한 메타버스의 현시점을 논해보려고 한다. 그중에서도 메타버스 안에서 커뮤니티가 어떻게 작동하는지, 사람 사이의 연결을 어떻게 더 편리하게 만드는지, 메타버스 커뮤니티가 현실적 목표에 어떻게 도달할 수 있는지를 사용자와 참여자, 크리에이터, 커뮤니티를 통해서 설명해보려고 한다.

대부분의 사람들이 메타버스를 경험해보지 않은 상황에서, 많은 책들이 메타버스의 정의와 기술적인 발전에 대해 이야기한다. VR$^{Virtual\ reality}$, AR$^{Augmented\ Reality}$, AI$^{Artificial\ intelligence}$등의 기술적인 용어를 이해한다고 해도, 메타버스에 어떻게 적용되고 현실에서 무엇이 편리해지는지 아리송하다. 메타버스가 정말 가능성 있는 미래인지 허상인지에 대한 호기심에 메타버스 어플을 다운받고 접속해 볼 수도 있다. 그러나, 처음 만나는 것은 게임같은 화면과 아바타 만들기가 대부분이다. 이 핸드폰 게임같은 앱을 어디서부터 이해해야 할지도 모르겠고, 이 게임이 미래를 바꿀 기술이라니 의심스럽기까지 하다.

메타버스를 무대로 시작 된 <90일 작가 프로젝트>

개발자들은 메타버스에서 무슨 일이 일어나는지, 개인은 메타버스를 어떻게 활용할 수 있는지 쉽게 이야기해주지 못한다. 심지어 경험해본 사람도 메타버스가 무엇이라고 명확하게 설명하지 못한다. 게임처럼 보이는 메타버스를 해설해 줄 사람이 있다면, 바로 적극적인 참여자들인, 인플루언서들이다. 매일을 메타버스에서 보내고 있는 인플루언서들이야 말로 메타버스의 현재를 가장 잘 말해줄 수 있는 사람들이다. 메타버스 이프랜드안의 커뮤니티 활동이었던 <90일 작가 프로젝트>를 통해서 현재와 미래를 이야기 하려고 한다.

사실 모든 기술의 주체는 사람이다. 결국은 다수가 원하는 방향으로 기술도 미래도 발전해간다. 이 책에서 커뮤니티를 중심으로 메타버스를 정의 하려는 이유다.

몇 가지 이유로 메타버스는 필연적으로 우리 현실을 확장하게 될 것이다. 1. 지금까지 존재했던 어떤 플랫폼보다 접근성이 좋을 것이고, 2. 가장 많은 사용자를 갖게 될 것이며, 3. 현실의 가장 많은 부분을 미러링 한 가상의 확장 현실이 될 것이다.

메타버스의 미래를 결정 할 커뮤니티

현재는 다양한 메타버스 플랫폼이 경쟁하는 형태이지만 최종적으로는 지금까지의 어떤 플랫폼보다도 가장 집약적이고 완성된 형태가 될 것이라고 예측되고 있다. 이런 현상을 우리는 이미 여러번 겪었다. 결국 어떤 기술도 사람의 선택을 받는다. 메타버스를 만들어가는 주체인 개발자, 사용자, 투자자 모두 사람이다.

기술의 효율성보다 많은 사람이 모인 플랫폼이 성공하는 사례를 이미 많이 봐왔다. 메타버스도 사용자를 얼마나 모으느냐에 따라 성패가 결정될지도 모른다. 사람이 모인다는 것은 이 책에서 말할 메타버스 커뮤니티와 관련 되어 있다. 메타버스 덕분에 그동안 한계가 명확핸던 커뮤니티 활동이 더욱 목표 지향적이고, 끈끈한 유대감을 가지게 될 것이다. 기술을 이용자의 요구를 따라가게 되어 있다. 그래서 메타버스의 미래에서 커뮤니티가 중요한 영향을 미칠 수 밖에 없다.

메타버스는 기존 소셜 미디어와 비교해서 상호방향성을 가지고, 텍스트나 영상 기반의 커뮤니티에 비해 동시성을 가진다. 신체적, 물리적 한계도 뛰어넘으면서 사람들의 모임인 커뮤니티의 연결성을 더욱 확고하게 해줄 것이다.

먼저 메타버스의 특성과 커뮤니티 환경에 유리한 이유를 다루려고 한다. 지금의 메타버스는 누구도 확언할 수 없는 태동기이다. 그러나 방향성을 예측 할 수는 있다. 결국 사용자의 편리성을 위해서, 현실을 확장할 것이기 때문이다. 이 책에서는 메타버스의 기술적인 정의나 방향성을 다루지는 않을 것이다. 필자가 경험한 SK의 이프랜드의 중심으로 현재 메타버스 환경이 커뮤니티의 소통과 운영에 어떤 유리한 점이 있는지를 개략적으로 다루겠다.

다음으로는 메타버스 플랫폼 이프랜드안에서 실제 진행된 책쓰기 커뮤니티 <90일 작가 프로젝트>에 대한 기록이다. 책을 쓰는 지극한 개인적인 행위가 어떻게 100% 메타버스 안에서 이뤄졌는지를 이야기하려고 한다. 이 내용은 메타버스보다는 책쓰기 커뮤니티 이야기에 가까운 내용이 될 것이다. 물론 100% 온라인 자가출판 강의도 존재하기는 하지만, 메타버스에서는 커뮤니티가 어떻게 작동하는지를 다룬다.. 실제 있었던 커뮤니티 활동을 기록한 것이어서, 메타버스에서 커뮤니티 모임을 주최하고 싶은 사람에게 도움이 될 것이고, 현재의 메타버스의 활용성도 이해하게 되기를 바란다.

마지막 장에서는 <90일 작가프로젝트>에서 작가가 된 작가님들의 책소개와 작가님들의 소회를 담았다. 차세대 디지털 공간에서 지극히 아날로그적인 책을 완성한 작가들의 이야기이다. 마지막 장은 책 이야기에 치우친 경향이 있지만, 메타버스에서의 활동이 얼마나 의미있는 결과물을 낼 수 있는가 하는 증거이다. 메타버스를 활용하기에 따라서 다양한 종류의 협업도 가능하고, 어떤 형태의 결과물도 낼 수 있다는 것을 증명한다. 가장 많은 형태의 소규모 커뮤니티인 독서모임에 참여하고 있다면 더 이해하기 쉬울 것이다. 커뮤니티 활동은 플랫폼도 중요하지만 성과도 중요하다. <90일 작가 프로젝트>가 배출한 작가들의 이야기에서 커뮤니티 운영의 묘를 찾아보기 바란다.

애매하게 메타버스 커뮤니티와 <90일 작가 프로젝트>를 묶은 이유는 하나다. 누구도 명확하게 설명하지 못하는 메타버스의 현재를 보여주고 싶었기 때문이다. 필자가 진단한 메타버스는 이미 온 미래이며, 반드시 올 미래이다. 여기서 가장 강점을 가질 수 있는 점은 연결이다. 메타버스는 사람들을 필요에 따라 섬세하게 연결하는 확장 현실이 될 것이다. 여기서 다룬 <90일 작가 프로젝트>는 한가지 예일 뿐이지만, 이 책을 읽는 수많은 사람들의 아이디어가 모여 사람 중심의 메타버스의 미래를 완성해 갈 것이라 믿는다.

새로운 기술과 새로운 플랫폼의 미래는 결국 사람이 만들고, 사람의 힘은 커뮤니티에서 나온다.

<90일 작가 프로젝트>에 대해서

메타버스에서 꿈을 이룬 사람들

메타버스 커뮤니티의 시작

우리는 오프라인이나 줌으로 만난 글쓰기 모임이 아니다. 이프랜드라는 메타버스 플랫폼에서 만났다. 메타버스에서 만난 사람들이다 보니, 줌으로 만난 사람들과도 또 성격이 달랐다. 온라인으로 연결되어 있지만, 우리는 서로의 영혼을 보며 이야기 할 수 있었다. 목소리 말고는 나이, 사는 지역, 생김새, 직업, 아무것도 모르는 사람들의 모임이었다. 메타버스는 편견 없는 만남의 장이 되었다.

이프랜드는 플랫폼의 성장을 위해서 꾸준히 활동할 인플루언서 육성에도 힘을 쓰고 있다. 그래서 인플루언서들은 자신만의 주제를 가지고, 고유의 진행방식으로 다양한 모임이나 강의를 진행한다. 취미, 육아, 학습 등 세상에서 다룰 수 있는 모든 컨텐츠가 실시간으로 메타버스 이프랜드 안에서 공유되었다. 나는 여행에 관련한 이야기를 3개월 정도 했었는데, 여행 작가가 될 작정으로 책쓰기를 같이 하자고 제안한 것이다.

메타버스에서 현실의 꿈을 이루다.

100% 온라인이었으며, 기성 작가도 없고, 오직 음성만으로 소통하면서 책을 완성할 수 있을까 의문이 들었다. 특히 책 만드는 과정, 책을 쓰는 법을 공부해가면서 함께 자가출판을 하자고 제안했다. 90일간의 여정동안 현실적인 결과물인 '책'을 출간하기로 약속한 우리는, 과연 우리가 책 다운 책을 낼 수 있을지 확신이 없었다.

무모함으로 꾸준한 시간을 보낸 결과 우리는 메타버스 안에서 쓴 책을 현실 세계에 내놓을 수 있게 되었다. 우리는 '메타버스에서 꿈을 이룬 사람들'이 되었다.

아직도 작가님끼리 서로 얼굴을 아는 사람이 몇 없고, 어디에 사는지, 몇 살인지 모르는 사람이 더 많다. 그러나 그 작가님들이 어떤 생각을 가진 사람이고 어떤 마음을 가진 사람인지는 현생에서 만난 사람들보다 더 자세히 안다. 외모나 나이차 때문에 서로 못 알아봤을 우리의 진짜 모습으로 메타버스에서 살았다. 현실적인 조건을 다 내려

놓고, 사람 대 사람으로, 작가님 한분 한분의 이야기와 경험을 응원하면서, 꿈을 이뤘다.

기회의 장이 될 메타버스 커뮤니티

오프라인에서 였다면, 취미반 책쓰기 클래스 쯤으로 치부되면서, 시작도하기 전에 김새버린 동호회가 되었을지도 모른다. 메타버스 라는 새로운 환경이 우리를 목표를 더 선명하게 했고, 선명한 목표는 다시 현실과 메타버스를 연결했다. 메타버스에서 시작된 커뮤니티 덕분에 순수한 열정과 꿈을 다시 찾은 사람이 되었다. 서로를 질투하지 않았고, 이토록 진심으로 응원하고 내 일처럼 기뻐한 것이 얼마만인지 모르겠다. 메타버스는 가장 인간적인 공간이면서, 기회의 공간이었다.

우리는 그렇게 데이터로 만나 작가의 꿈을 이뤘다.

-김지혜 (올레비엔)

메타버스는 커뮤니티다. -90일 작가 프로젝트-

1. 메타버스란

1.메타버스란

1-1. 메타버스^{Metaverse} 의 개념

추상을 상징하는 메타^{Meta} 와 현실 세계를 뜻하는 유니버스^{Universe} 의 합성어로 1992년 미국 SF 소설 《스노우크래쉬》에서 닐 스티븐슨이 처음 사용했다.

메타버스라는 이름은 매일 들리는 이름이면서, 실체를 모르는 어떤 것이다. 메타버스라는 단어가 처음 등장한 곳은 SF소설이었다. 메타버스를 이해하기 가장 쉬운 방법도 SF영화에 나오는 멀티버스와 비교해 보는 것이다. 멀티버스는 여러 개의 동일한 현실이 존재하는 평행세계이다. 메타버스는 현실은 하나이지만, 현실을 편리하게 확장하기 위해 만든 가공의 현실이다. 멀티버스에는 현실의 나와 똑같은 내가 무수히 많이 있지만, 메타버스에서는 현실의 나를 가상화한 아바타가 존재한다.

메타버스는 단순한 현실의 복제나 미러링하는 것을 넘어선다. 고대 사회에 추상의 개념인 화폐를 도입해서 상업의 폭발적인 발전을 가져왔다면, 메타버스는 인류가 구상한 가장 복잡한 추상적 개념의 집합소가 될 것이다. 개별적으로 서비스되던 플랫폼과 커뮤니티 등 온라인으로 옮겨오기 힘들 것이라 생각했던 모든 현실의 문제를 메타버스 안으로 가져오게 될 것이다. 때문에 기술적 한계만 극복한다면 메타버스는 VR 가상현실$^{Virtual\ Reality}$, AR 증강현실$^{Augmented\ Reality}$, MR 혼합현실$^{Mixed\ Reality}$, XR확장 현실$^{eXtended\ Reality}$을 모두 품은 현실의 연장선이 될 것이다.

1-2. 메타버스의 탄생은 필연인가?

게임처럼 보이는 메타버스를 왜 현실 세계의 모든 분야의 산업에서 이토록 열광하게 되었을까? 메타버스는 성공할지도 모르는 어떤 신기술이 아니다. 이미 확정된 미래의 한 모습이다. 메타버스의 특성을 이해하면 왜 당연한 미래로 여기는지 쉽게 이해할 수 있다.

메타버스는 현실을 편리하게 만들기 위해 만든 추상적 가상세계이다. 고대에서부터 우리는일단 경제, 산업이라는 측면에서만 상상해보자. 인류는 이미 추상적인 개념을 통해서 편리한 현실을 만들고 산업을 발전시켜왔다. 화폐, 신용카드로부터 시작된 추상적 경제개념을 스마트폰, 인터넷 환경등의 인프라 환경이 갖춰지자 구조적으로 철학적으로 보완해 가면서 플랫폼 경제^{Platform Economy}로도 완성해왔다. (여기서는 플랫폼 경제의 문제점을 다루려고 하는 것은 아니다. 다음 단계의 구조적인 발전을 상상해 보려는것이다.)

완성형 통합 플랫폼 메타버스

이전에 비해서는 매우 편리해 졌지만, 플랫폼도 불편한 점이 있다. 매번 다른 앱을 다운받고, 로그인 해서 사용해야 하는 각기 다른 시스템이 너무 많아졌다는 점이다. 메타버스는 '복제현실'이나 '현실의 미러링'으로 표현되기도 하지만 '미러링된 클라우드 현실'이라고 표현하고 싶다. 현실의 모든 플랫폼, 경제뿐만 아니라 정치, 사회, 문화, 예술, 일상적 서비스 시스템까지를 아우르는 최상위의 통합된 하나의 시스템을 구상하는 것이 메타버스라고 생각할 수 있다. 상호 연동성이 부족해 매번 불편을 겪는 현실을 통합하려는 시도로도 볼 수 있는 것이다.

현재 존재하는 모든 온라인 서비스를 메타버스 안에 구현했다고 상상해보자. 메타버스에 딱 한번 로그인하는 순간 모든 서비스에 접근할 수 있게 된다. 메타버스 안에서의 일상을 상상해보면 현실과 크게 다르지 않게 직관적이고, 앱으로 이용하는 기능을 이용한다.

아바타로 카페로 걸어 들어간다. 사람들과 이야기를 하다가 은행 업무를 보러 은행으로 이동한다. 이전에 인터넷뱅킹 플랫폼에 비해서 실제 은행같은 공간에 들어가서 은행 업무도 보고, 금융 상품에 대한 문의를 할 수도 있다. 은행을 나와서는 그 옆에 위치한 서울 시청에 들어가 민원 업무를 처리할 수도 있다.

메타버스에 적용될 앱들은 지금도 작동하고 있는 서비스가 많다. 그러나 메타버스로 통합되면, 다운로드나 로그인 절차 없이 여러 가지 통합 플랫폼을 이용할 수 있게 되는 것이다. 지금도 일부 플랫폼이 통합을 시도하고는 있다. 카카오톡에 로그인 해서, 선물도 하고, 송금도 하는 시스템은 이뤄졌지만, 사회적 시스템과 커뮤니티까지의 궁극적인 통합을 이루는 것을 메타버스의 완성형으로 보고 있다.

메타버스의 공간적, 기술적 특성은 직관적인 사용법으로 현실같은 확장성을 가져올 것이다. 메타버스를 구현 하려면 많은 기술이 뒷받침 되어야 하지만, 기본 개념은 단순하다. 편의성과, 직관성, 통합의 필요성 때문인 것이다. 그래서 메타버스라는 미래는 이미 결정되었다고 보는 게 맞다.

감각의 동기화로 만드는 체험의 세계

메타버스는 통합만을 의미하지는 않는다. 서비스의 통합은 이미 경험하고 있다. 네이버에 로그인하면 쇼핑과 뉴스 음악과 영상 등을 한번에 즐길 수 있다. 지금까지 우리가 이용한 온라인 세상은 편리하지만, 텍스트 기반의 상징적인 세계이다. 현실과 다른 감각을 이용하기 때문에 사용법도 배워야 하고, 직관적이지 않고, 온라인에서는 할 수 없는 활동도 존재한다.

메타버스의 중요한 키워드는 현실적 감각의 모방을 시작으로 구현할 세계라는 것이다. 감각의 모방이라는 것은 메타버스안에서의 정보 습득 방식이 현실과 비슷하게 직관적인 방법으로 이뤄질 것이라는 뜻이기도 하다. 보고, 듣고, 냄새맡고, 만지는 감각은 우리에게 매우 익숙하다. 이 감각을 이용하면 메타버스를 이용하는 법을 따로 배우지 않아도 되면서, 메타버스는 추상의 공간이 아닌 경험의 공간이 될 수 있는 것이다.

메타버스는 웨어러블 기기들과 함께 직관의 연장으로부터 시작 할 것이다. 기술적 진보는 메타버스 세상과 현실의 감각을 동기화 시킬 것이며, 그 이전에 어떤 온라인 환경보다 직관적인 체험의 공간이 될 것이다. 모든 플랫폼들을 통합하여 가능한한 현실의 재현에 가까운 세계를 구축할 것이고, 현실의 한계를 뛰어넘어 메타버스에서만 실현 가능한 활동도 구현하게 될 것이다.

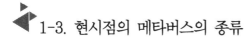

1-3. 현시점의 메타버스의 종류

아직은 정확히 규정 할 수는 없지만, 사용자가 메타버스를 어떻게 인식하고 있는지를 알아보는 방법이 있다. 알고 있는 메타버스 앱을 하나씩 이야기 해보라고 하면, 현실에서 작동하고 있는 모습을 이해할 수 있을 것이다. 그런데, 현재 메타버스를 살펴보면 더욱 실체를 알기 어려워 진다.

게임 로블록스 Roblox 2006년 마인크래프 Minecraft 2009년	화상회의, 교육 게더타운 Gather 2020년 ZEP 2022년
소셜 커뮤니티 제페토 ZEPETO 2018년 이프랜드 Ifland 2021년 메타 Meta 2004년 설립된 페이스북에서 2021년 메타로 변경	

게임형 로블록스, 마인크래프트를 이야기 하는 사람도 있고, 회의형 게더타운이나 ZEP을 말하는 사람도 있다. 소셜미디어형 제페토나 이프랜드를 말하는 사람도 있는데, 이 앱들은 다 다른 기능을 담고 있다. 이 중에서 과연 무엇이 메타버스인가? 게임인가? 현실의 보조하는 도구인가? 차세대 소셜 미디어 인가? 혼란스럽다.

이는 메타버스가 태동기이기 때문에 생긴 현상이다. 메타버스는 현실을 뛰어 넘은 편의를 가질 세상이기 때문에 게임과 소셜미디어, 현실의 보조적인 역할을 다 가지게 될 것이지만, 이제 탄생중인 메타버스는 각 플랫폼의 성격을 분명히 하면서 분화와 통합을 시작하고 있다.

20여년전 네이버는 지식인의 성공을 바탕으로 성장하여 각종 플랫폼을 통합하기 시작했고, 다음은 카카오톡을 기반으로 플랫폼 경제의 성공을 이뤘다. 시작은 달랐으나 다음과 네이버는 성장하면서 한방향으로 서로를 참조하면서 발전해왔다. 메타버스의 미래도 성격은 다르지만 비슷한 과정을 거치게 될 것이다.

이 책에서는 이프랜드를 중심으로 메타버스 커뮤니티를 설명하려고 한다.

2. 메타버스는 무엇이 다른가?

2.메타버스는 무엇이 다른가

메타버스 고유의 특성

보통 메타버스를 설명하면 기존의 인터넷 환경과 무엇이 다르냐는 질문을 받게 된다. 게임, SNS등 다양한 종류의 앱들을 모두 메타버스로 포함한다. 이전의 앱들과 메타버스로 분류되는 앱들을 나누는 차이점은 무엇일까? 어떤 점이 다르고, 무엇으로 메타버스를 규정해야 할까? 메타버스만이 가지는 고유의 특성을 이해하면 이미 온 미래의 모습이 좀 더 명확해 진다.

초창기 메타버스들이 게임에서 시작된 경우가 많았기 때문에 이전에는 고유의 세계관, 내부의 경제 시스템, 온라인 연결 등으로 설명하기도 했었다. 지금은 게임에서 시작된 메타버스가 조금씩 다양한 형태로 진화하면서, 고유의 특성이 좀 더 명확해졌다고 볼 수 있다.

메타버스를 규정하는 여섯가지 고유성

1. 현실적 요구를 해결할 필수적 확장된 현실
2. 메타버스의 성패가 달린 표준화 표준화
3. 현실과 통합되면서 고유한 내부 경제 시스템
4. 트랜트를 이끌어갈 크리에이터
5. 개인과 사회의 성장을 이끌 커뮤니티
6. 쌍방향 소통이 주는 상시적 연결

2-1.현실적 요구를 해결할 필수적 확장 현실

2019년 코로나19로 아무도 예상하지 못한 현실적 장애가 생겼다. 일부 국가들은 락다운을 시행하면서 경제적 타격이 매우 커졌고, 업무, 교육을 시작으로 모든 활동에 공백이 생겼다.

이전부터 구축되어있던 온라인 회의 시스템과 메타버스가 대안으로 주목받게 되었다. 보조적인 수단에 지나지 않았던 원격회의 시스템에 의지해서 재택근무와 온라인 연결이 시작되었다. 업무와 교육등 중요한 기능들이 온라인에서 이뤄졌다. 펜더믹은 갑자기 원격, 온라인 실험의 장이 되었다. 코로나 초기에 화상회의가 어색했던 사람들도 얼마가 지나자 모두 온라인 환경에 적응했다.

이렇게 되자 온라인은 현실의 보조적 역할에서 벗어나 현실과 상호작용하기 시작했다. 온라인과 플랫폼의 이용자가 급격히 증가했고, 이 모든 플랫폼을 통합할 편의성을 지닌 플랫폼을 상상하게 되었다. 펜데믹 시대에 현실의 불편을 뛰어넘어 원격교육, 원격의료, 일상 서비스, 업무적 환경, 대규모 행사나 엔터테인먼트를 원활하게 할 수 있는 가능성을 확인하게 된 것이다.

메타버스를 알기 어려운 어떤 미래적인 개념으로 생각하는 경우가 많다. 가장 현실적인 요구와 필요에서 시작되었고, 메타버스는 현실의 연장선 상에 있지 않으면, 한낱 게임에 머무를 수 밖에 없다.

코로나19가 만든 메타버스에 대한 이해

이전에는 유명가수의 콘서트를 실제로 찾아올 수 있는 사람들만을 위해서 기획했다면, 코로나19가 한창일 때는 온라인으로만 콘서트를 진행했다. 이제는 오프라인 공연을 기획할 때, 추가적 비용이 적게 드는 온라인 공연을 함께 기획할 수 있게 되었다. 어떤 경우에는 온라인 콘서트를 함께 진행하면, 비용의 증가 없이 홍보 효과를 누릴 수 있는 환경에 이르렀다. 코로나19 덕분에 메타버스의 개념과 필요성을 크리에이터와 대중이 이해하게 된 것이다. 메타버스를 이해하게 된 순간 기획자나 팬의 수요와 공급에 대한 필요가 일치되면서 현실적 요구가 온, 오프라인으로 확장되게 될 것이다. 공연뿐 아니라 모든 현실적 행위가 현실의 연장선상에서 확장성을 가져오게 될 것이 메타버스이다.

현실의 연결과 확장성을 충족하지 못하는 메타버스는 존속하기 어렵다. 필수적인 요소가 결합되지 않는 플랫폼은 살아남기 어렵기 때문이다.

 기업에게도 확정된 미래인 메타버스

기업 역시 VR기기의 발전으로 시작된 고급 게임 정도의 인식을 벗어나서, 일상생활, 업무, 교육, 의료, 소셜 네트워크, 온라인 커머스, 예술활동 등의 모든 산업 전반을 메타버스에 담고 기반기술 산업의 성장으로 이끌 수 있다는 것을 깨달았다.

메타버스는 기존의 디지털산업과는 다르다. 직관성, 현실같은 경험을 제공 해야하기 때문에 VR, AR 기술을 기초로 다양한 기술적 발전이 필수적이다. 메타버스의 그래픽 환경을 개선할 3D그래픽, 그래픽 연산속도를 높여줄 반도체 산업과 연결을 원활하게 유지할 네트워크 등 일일이 다 거론하기 어려울 정도의 수많은 기술 산업의 발전을 이끌게 될 것이다. 메타버스는 현실의 연장이라는 필요에 이어서 기술산업의 폭발적 부가가치를 불러올 것이라는 점에서 기업들에게도 확정적 미래인 것이다.

▶2-2. 메타버스의 성패가 달린 표준화

코로나 19로 인해서 기업과 개인, 정부까지 현실의 모든 플랫폼이 통합될 최종적 형태의 메타버스를 꿈꾸게 되었다. 이 시기에 유튜브나 인스타그램 같은 소셜미디어 플랫폼이나 공유경제 플랫폼들은 종류와 이용자가 폭발적으로 많아졌다. 성장에 힘입은 기업들은, 플랫폼으로 모은 사용자의 힘을 여러 가지 사업에 이용하고 싶은 욕망이 생긴다.

검색 포털로 시작한 네이버는 네이버에 모인 사용자를 네이버 페이, 네이버 쇼핑으로 끌어들이고 이모티콘 판매나 광고에도 이용한다. 한 번 네이버를 사용하기 시작하면, 그 안에서 뉴스, 쇼핑, 커뮤니티를 모두 사용하게 된다. 그러나 따로 다운로드 받아야 하는 네이버TV나 네비게이션은 다시 경쟁에 나서야 한다. 플랫폼에 모인 사람들을 유출없이 효과적으로 유지하려면 메타버스 생태계를 구축하는 것이 기업 입장에서도 방법일 수 있다.

플랫폼을 한곳에 품을 완성형

개인은 편하기는 하지만 플랫폼이 세분화 되면서 한가지 행동을 하려면 한가지 앱이 필요해졌다. 밥을 먹고, 운동을 하고, 소비하고, 공부하는 모든 일상의 단계에 각각 다른 플랫폼을 이용해야서 피로감을 느낀다. 플랫폼으로 모은 사람들을 묶어두고 싶은 기업과 플랫폼이 피로해진 개인의 욕망이 합리적으로 완성되는 공간이 메타버스이다. 필요를 확인했으니 메타버스는 모든 서비스를 다 담을 수 있도록 표준화, 규격화하게 될 것이다.

많은 사람들이 예측하는 메타버스는 높은 호환성을 가지고, 모든 플랫폼을 한곳에 모을 것처럼 묘사한다. 현실적으로는 메타버스도 현재의 플랫폼들처럼 경쟁과 거대 플랫폼의 독점상황을 오가는 상황을 얼마간 지나야 할 것이다. 그래도 최종적으로는 다양한 종류의 활동들을 하나로 모을 완성형 세계가 될 것은 확실하다.

 메타버스의 완결성은 표준화에 달렸다.

게임, 소셜미디어, 업무, 금융, 일상생활, 취미, 상품판매 등 현존하는 모든 플랫폼과 아직 생겨나지 않을 서비스까지를 메타버스에서 통합할 것이다. 통합은 각 플랫폼 사이의 소프트웨어적, 하드웨어적 기술적 통합과 표준화로 진행될 것이다. 기술과 기기의 통합 외에도 현실을 통째로 디지털화하는 시스템이기 때문에 디지털 데이터의 표준화도 메타버스 성공의 중요한 요소다.

메타버스는 확정된 다음 단계다. 그 미래를 얼마나 더 나은 미래로 만들것이냐 하는 문제가 메타버스의 표준화이다. 모든 시스템을 통합할 완성형 온라인 시스템의 완결성은 표준화를 어떻게 기업과 정부,

학자와 실무자가 잘 만들어 가느냐에 달려 있다. 기술의 문제를 해결하는 것처럼 정답이 있지도 않고, 기술적 진보와 사회적 현실 사이에서 합의점을 찾아야 하는 쉽지 않은 문제이다. 이 책에서 다 다룰 수도 없고 아직 예측하기도 어렵다.

그러나 메타버스의 미래의 성패는 표준화에 달려있다. 표준화의 기초를 어떻게 세우느냐에 따라서 메타버스의 미래에서 누가 살아남느냐가 정해진다.

2-3. 현실과 통합되면서도 고유한
메타버스 경제시스템

여기까지 메타버스가 현실이 연장된 확장 현실이고, 기존의 플랫폼들을 통합한 완성형 거대 플랫폼에 가까울 것으로 묘사했다. 기업들은 메타버스로 이전한 플랫폼에서도 역시 수익을 낼 것이고, 개인은 메타버스로 형태만 바뀐 서비스를 비용을 내고 사용하게 될 것이다.

간단하게 보면 지금 배달 앱이나, 쇼핑 앱을 사용하는 대신에 메타버스안 가게로 들어가서 음식을 배달하고, 쇼핑을 할 수 있다. 간단한 쇼핑에서부터 NFT 미술품거래까지 실물경제와 평행하게 거래하게 될 곳이 메타버스다.

이전에 모든 사용자나 기업 모두 많은 관심을 보이는 것이 바로 이 부분이다. 메타버스가 게임이나 다른 디지털 생태계와 구분되는 가장 큰 특징 중 하나는 현실과 연결된 디지털 경제일 것이다. 당연히 안정적인 결제 시스템이어야 하겠지만, 어떤 기술이냐가 중요하다기 보다는 얼마나 현실과 메타버스를 통합할 수 있는 시스템인가도 매우 중요할 것이다. 현재 상황에서는 인앱 결제처럼 시작될 메타버스 내의 경제는 점점 독자적인 경제 시스템처럼 작동하게 될 것이고, 실물경제로의 이전도 원활한 방향이 될 것이다.

이미 메타버스에서 디지털 경제 시스템이 될 기술들은 충분히 완성되어 있다. 현실의 연장선 상에서 간편결제 시스템에서 시작해서, 블록체인과 연계된 코인까지 준비는 끝났다. 디지털 금융은 메타버스를 통해서 활력을 얻을 것은 확실 하다.

✖️2-4.메타버스의 창조자 크리에이터

현실과 메타버스간에 공통되고 개별적인 통화가 유통되기 시작한다면 수익을 얻는 것은 기업만이 아니다. 크리에이터들도 수익을 내고자할 것이다. 창작의 원동력은 예전부터 후원이었으며 현대의 창작자들도 수익이 창작의 핵심 기술이다. 메타버스의 수익을 바탕으로 크리에이터들은 메타버스 자체의 많은 요소들을 창작하게 된다. 메타버스에서 크리에이터는 메타버스의 물리적, 시각적 공간부터, 보이는 모든 세상의 창작자로 끼어들 것이다. 이전에 제공된 플랫폼을 사용하던 이용자에서 벗어나서 모든 요소를 만들 수 있는 크리에이터의 손에 메타버스의 미래가 달려있다고도 볼 수 있다.

사용자가 크리에이터가 되는 현상은 이미 대중화 되어있다. 틱톡과 유튜브가 리워드를 통해서 컨텐츠 제작자를 육성하는데 노력하고 있다. 메타버스에서는 크리에이터의 역할이 더욱 커진다. 메타버스 공간과 요소의 창조부터 컨텐츠 소셜미디어 커뮤니티까지 크리에이터들이 창조하게 된다 크리에이터는 결국에는 사용자를 참여자로 바꿀것이며, 모두의 영역으로 확대될 것이다. 이점은 메타버스의 중요한 성격 때문이기도 한데, 나중에 더 자세히 설명하겠다.

디지털 미술 시장의 활성화

메타버스는 고전적인 의미에서의 창작자인 예술가들에게도 유리한 환경이 될 것이다. NFT를 통해서 신인 예술가들이 발굴되기도 하고, 디지털 작품들의 영역이 더 커졌다. 예술은 이제 디지털 세상에서 동시성과 고유성, 히스토리를 더욱 명확하게 증명할 수 있게 된다. 그 바탕에 NFT와 블록체인 기술이 있다.

메타버스는 현실을 담는 디지털 미러링이기도 하지만, 현실을 뛰어넘을 수 있는 경험을 만들 수 있다는 장점 때문에 오히려 인간의 무한한 상상력, 철학, 감각, 예술적 표현의 새로운 지평을 열 것이다. 영리한 예술가들과 트랜드에 민감한 컨텐츠 제작자들은 지금까지와는 전혀 다른 패러다임을 끊임없이 생산할 것이다.

미술의 대중적 소비를 이끌 메타버스

예술품 거래시장은 일부에 한정되어 있던 예술의 소비자를 대중으로 확대하고, 역사적으로 가장 불평등했던 예술문화가 가장 대중적으로 소비되는 시대를 열게 될 것이라고 감히 짐작한다. 예술과 컨텐츠의 상업적 가치가 극대화 되어서 비로소 예술, 컨텐츠 산업이라고 부를 수 있게 될 것이다.

전통적인 의미의 크리에이터이거나, 메타버스 환경에서 진입했거나 크리에이터는 메타버스의 성격과 분위기, 트랜드를 주도할 핵심이다.

◤2-5. 메타버스의 성장 동력이 될 커뮤니티

이제 소셜미디어의 사용자는 메타버스에서는 참여자가 되고, 크리에이터와 참여자의 구분이 불확실해진다고 볼 수 있다. 참여자이면서 크리에이터가 될 수 있다는 뜻은 창조자가 무한히 많아졌다고 볼 수 있다. 이들은 메타버스에 현실의 이데올로기, 사회적 가치, 도덕적 기준같은 사회적 시스템을 복제하게 될 주체이다. 창조자가 많아진 많큼 다양한 주제, 다양한 현실의 문제들을 메타버스 안에서 공론화 하게 된다.

크리에이터는 일상의 작은 노하우부터, 취미, 교육, 엔터테인먼트 같은 수많은 컨텐츠를 통해서 현실과의 동시성과 최신성을 유지하게 될 것이다. 이는 자연스럽게 사용자를 끌어들이게 된다. 앞에서 설명했듯이 크리에이터는 사용자를 모으는 힘이다. 많은 사용자, 참여자로부터 시작된 컨텐츠가 축적되고 고도화되는 과정에서 필연적으로 커뮤니티를 낳게 된다. 아니면 오프라인에서 연대하기 어려웠던 사회적 이슈나, 정치, 환경문제에 대해서 가볍고 손쉬운 논의부터 시작할 수 있는 방향의 커뮤니티일 수도 있다.

 ## 익명성과 소통이 만드는 커뮤니티

커뮤니티는 인간의 자연스러운 행동이자 욕망이기 때문이다. 특히나 익명성과 소통이 강조된 메타버스에서는 자신의 흥미나 관심사를 따라서 자연스럽게 커뮤니티를 형성하게 된다. 메타버스가 가지는 현재성, 익명성, 소통의 용이함, 구성원 간의 동시성, 가상기기를 통한 경험의 공유를 통해서 오프라인만큼 강력한 유대를 가질 수 있게 된다.

커뮤니티의 성장은 메타버스의 성장의 동력이라고도 할 수 있다. 가장 뛰어난 기술이 항상 가장 성공하는 것은 아니다. 소셜미디어의 성장에서 보면, 시대를 앞서갔던 싸이월드가 앞도적인 사용자를 가진 페이스북을 이길 수는 없었다.

이 책에서 다루려고 하는 메타버스 커뮤니티는 메타버스를 가장 인간다운 공간으로 만들것이고, 메타버스가 현실을 뛰어넘을 수 있는 욕망을 필요로 바꿀 집단이며, 메타버스를 존속시킬 가장 중요한 요소이다.

◆▶2-6. 쌍방향 소통이 주는 동시적 연결

메타버스의 가장 중요한 축과 성장동력이 커뮤니티라면, 메타버스는 커뮤니티를 유지시킬 수 있어야 한다. 이점이 이전의 온라인 환경과 구별되는 특징이기도 하다. 메타버스의 강력한 연결성이 바로 그것이다.

어느 순간부터 우리는 항상 온라인이 되었다. 의도하지 않으면 이제는 하루 대부분의 시간을 온라인으로 지낸다. 스마트폰은 카드결제에서부터 실시간 메일, 메시지, 위치기록 등을 신경쓰지 않아도 온라인으로 실시간으로 수행한다. 그렇다 하더라도 지금의 온라인은 데이터 뿐이다. 거의 실시간으로 연결되어 있다고 느끼는 카카오톡 조차도 시간차를 가지거나 연결된 느낌을 받는데는 한계가 있다. 지금은 연결 상태라기보다는 온라인 상태라고 정의해야 한다. 언제나 업로드와 다운로드가 가능한 상태인 것이다.

메타버스는 온라인에서 진화해서 '연결상태'를 유지해준다. 메타버스에 로그인해서 아바타로 걸어 들어가는 순간, 그 공간의 사람들과 연결된다. 음성을 듣고 아바타를 보면서 같은 공간에 있다고 느끼는 것이다.

메타버스안에 네이버라는 카페가 있다고 가정해보자, 메타버스에 로그인해서 아바타로 카페에 걸어 들어간다. 강아지 동호회 사람들이 한쪽 테이블에 앉아서 음성으로 이야기 중이다. 그중에서는 몇 번 이야기를 나눴던 사람들도 있고, 처음 만난 사람도 있다. 실제 카페는 아니지만 가끔 만나서 강아지를 키우는 이야기도 나누고, 유기견 문제도 이야기를 한다. 그런데 내가 아바타를 새로 꾸며서 표범 무늬 코트를 입고 사람들을 만난다고 생각해보자, 아바타가 입은 표범 무늬 옷은 마치 현실에서처럼 이야기의 주제가 될 수 있다. 누군가는 동물 보호의 문제를 이야기 할 수도 있고, 누군가는 아바타의 패션 이야기를 할 수도 있다.

메타버스 안의 연결은 온라인과 명확히 구분되는 특징을 가진다. 가상의 공간이지만 함께하는 느낌을 주는 연결성을 가진다. 이 연결은 동시성과 쌍방향 소통과 함께 커뮤니티의 유대를 강화하고 존속을 위한 필수적 요소가 된다.

이 연결의 힘은 같은 목표나 관심을 가진 사람들이 함께 경험할 수 있게 만든다. 그 경험은 커뮤니티의 성격이나 기술적인 발전이 결정할 수 있지만, 연결이라는 고유의 특징이 시작점이 될 것이다.

연결은 커뮤니티의 경험적 유대, 친밀감을 만들기도 하지만 현실적인 편의를 제공하기도 한다. 지금의 온라인 커뮤니티는 실시간이 되고 싶은 게시판이다. 게시판의 형태가 미디어형인가, 텍스트형인가의 차이가 있을 뿐이다. 동시에 같은 게시판을 보고 있어도 연결되어 있다는 느낌을 얻기는 힘들다.

네이버가 꿈꾸던 카페,

메타버스는 가상공간이라는 특성을 이용해서 연결을 용이하게 만든다. 게시판 대신에 상설 공간을 열어두게 되는 것이다. 메타버스 커뮤니티의 상설 공간은 게시판이나 카페처럼 사용자가 자유롭게 드나들게 된다. 이제는 아바타라는 실체를 가지고 가상공간에 존재하기 때문에 동시에 커뮤니티 공간에 들어와 있는 사람을 시각이나 음성으로 인식하게 되는 것이다. 이 점은 함께 있다는 느낌을 준다. 게시판은 동시 접속자가 아무리 많아도 옆에 함께 앉아있다거나, 함께라는 느낌을 주기가 힘들다. 가상공간은 커뮤니티에서 가장 중요한 함께 있는 느낌을 주는 공간되 되는 것이다. 아마도 네이버가 카페를 만들 때 구상한 커뮤니티의 개념이 이런 것이지 않았나 싶다.

이제야 진정한 가상공간의 카페가 실현되는 것이다. 규모가 큰 커뮤니티의 경우는 어느 시간에 들어가도 항상 사람들이 존재 할 것이다.

편한시간에 필요한 만큼 같은 관심사를 가진 사람들이 자연스럽게 모이게 된다. 이전에 게시글로 질문하던 사람들은 아바타를 이용해서 음성으로 질문할 수 있고, 정보를 공유한다. 처음에는 공통의 관심사라는 목적을 위해서 들어왔지만, 이것은 곧 사람끼리의 연결을 만든다. 이전 보다 더욱 강력한 공동체적 커뮤니티 활동이 가능해 지는 곳이 메타버스이다.

메타버스는 상시 연결된 광장이며, 커뮤니티의 주요무대가 될 것이다.

3. 메타버스의 기본요소

3.메타버스의 기본요소

3-1. 메타버스에서의 아바타란

메타버스 공간에서 시작점이라고 할 수 있는 요소는 한 명의 개인을 대리하는 아바타이다. 아바타는 이름과 외모적인 정체성과 온라인이라는 존재감을 가진다. 아바타는 메타버스의 성격에 따라서 외모적 특성이 다르다. 개인을 강조하는 소셜 커뮤니티의 경우는 사람과 비슷한 모습을 하는 경향이 있고, 다수가 모이는 회의, 교육형 플랫폼은 레고 블록처럼 단순한 모양인 경우가 많다. 많은 아바타가 동시에 연결되어도 그래픽 처리로 인한 부담을 적게 만들어야 하기 때문이다. 이동만 가능하기도 하고, 다양한 동작이 구현 가능한 경우도 있는데 이점도 플랫폼의 성격에 따라 다르다. 젊은 층이 모여서 대중문화를 소비하는 제페토는 다양한 동작이 가능하고, 교육용 ZEP은 단순 이동과 이모지 표현 정도만 가능하다.

나를 대신할 아바타는 이전의 플랫폼들에서도 제공하던 기능이었다. 싸이월드를 경험한 사람이라면 20년전부터 익숙했던 아바타가 무엇이 새롭냐고 반문 할 수도 있다. 움직이고 춤을 추는 것을 아바타의 발전이라고 하기에는 시간이 너무 많이 흘렀다.

 메타버스의 아바타는 무엇이 다를까?

롤플레잉 게임이나 이전 플랫폼들에서 아바타는 나를 대신하고, 내가 조종할 수 있는 캐릭터였다. 게임 속 아바타는 나의 정체성과는 동떨어진 다른 존재였고, 싸이월드의 미니미는 너무도 수동적이었다.

메타버스의 아바타는 클라우드에 저장된 나라고 할 수 있다. 메타버스 세상에 아바타의 외모로 입장했을 뿐, 나의 목소리나 성격, 생활 패턴을 그대로 가졌다. 이전에 미니미가 나를 대신해서 내가 없는 동안에도 미니홈피를 지켰다면, 메타버스의 아바타는 나와 완전히 동기화된다.

 가상의 실존적 존재 아바타

메타버스에서 아바타는 나의 정체성을 가진 실존적인 오브젝트다.

아바타는 메타버스안 어느 공간에서든 내가 온라인으로 연결되어 있음을 실질적으로 알리는 존재다. 아바타가 보인다는 것은 현실적 존재가 메타버스 공간에 연결되어 있다는 뜻이다. 메타버스 공간 속에서는 서로가 아바타를 보고, 아바타의 외모적 특성으로 개인을 구별하기도 한다. 현실에서와 같이 아바타가 가까이 가서 다른 사람과 이야기를 하기도 하고, 동작을 표현하기도 한다. 아바타는 동시성과 정체성을 동시에 가지게 된 것이다.

정체성의 동기화

앞에서 언급했듯이 게임속의 아바타도 내가 움직이고 다른 유저와 이야기도 했지만, 게임에서는 내가 아닌 마법사나 전사였다. 메타버스의 아바타는 나 자신이다.

메타버스의 아바타는 나의 정체성을 가졌기 때문에 참여자는 다양한 반응을 보인다. 아바타에 나를 투영해서 비슷하게 만들기도 하고, 욕망을 투영해서 이상적인 모습으로 만들기도 한다. 성 정체성을 뛰어넘기도 하고, 현실에서 불가능한 외모로 만들기도 하고, 현실에서 착용하기 어려운 의상을 착용하기도 한다.

그러면서도 현실적인 외모의 잣대로 평가하기도 하는데, 치마가 너무 짧아서 부끄러워한다던가, 노출이 심한 것을 불편해 한다던가, 행사에 맞는 차림으로 옷을 갈아입기도 한다. 이런 모든 반응들은 아바타와 나를 동일시하면서, 직관으로 아바타를 접하기 때문에 생긴다. 아바타를 보고 듣고 가까이 가고, 멀어지는 행동을 하기 때문에 메타버스에서도 적절한 의상과 행동이 요구되게 된 것이다.

현시점의 메타버스의 시스템이 완성되지 않았기 때문에 정체성의 동일성만을 언급했지만, 앞으로는 아바타는 현실의 소비성향, 취향, 커뮤니티 등의 모든 부분에서 나를 대변하게 될 것이다. 나의 현실을 메타버스라는 플랫폼에서 연결해 줄 매개체가 아바타이기 때문이다.

 욕망 실현의 도구 아바타

이 책에서 주로 이야기할 이프랜드에서의 아바타는 걷고, 뛰고, 사람들과 반응한다. 사람들의 이야기에 박수를 치거나 적절한 동작으로 호응하기도 한다. 친한 사람들끼리 같이 사진을 찍거나, 같이 앉아서 이야기를 하기도 한다. 아바타는 인간적이지만 경험의 관점에서는 인간을 뛰어넘는다. 아바타를 이용해서 점프하고, 날고, 현실에서 경험할 수 없는 초월적인 경험을 한다.

메타버스에서 아바타는 욕망했으나 불가능한 것들을 경험으로 실현하게 되는데, 이런 면에서 현실의 진짜 나는 아바타는 한계가 없는 자아 실현의 도구라는 것을 인식하게 되기도 한다. 가수가 꿈이었던 사람이 있다면, 메타버스에서 아바타로 사는 동안은 사람들앞에서 기회가 될 때마다 노래하고, 아바타도 가수처럼 꾸미고, 노래하는 커뮤니티에서 활동할 수도 있다.

지금까지의 온라인 커뮤니티에서는 하기 어려웠던 활동이다. 메타버스에서는 지극히 현실적인 활동-시청에서 민원을 신청하거나, 메타버스 속 상점에서 물건을 사는 등의 현실 연장선에 있는 활동을 할 수도 있지만, 현실의 한계를 뛰어넘는 개인 자아실현의 도구로 활동할 수 있는 두 번째 캐릭터가 되기도 한다.

아바타의 미래

아바타의 시각적인 부분도 기술적 한계 때문에 2D의 만화적인 캐릭터이거나 게임 캐릭터 같아 보이지만, 앞으로는 VR, AR 기술들과 결합하면서 더 현실적이거나 더 이상적인 모습으로 진화할 것이다.

기술적으로 진화하면서 아바타는 앞으로 더 직관적이고, 현실의 나와 쉽게 동기화 될 것이다. 현실의 개인을 투영한 존재로써의 아바타는 끊임없이 인간의 욕망과 특성을 메타버스로 가져오는 주체가 될 것이다. 어떨 때는 인간과 동일시되고, 어떤 때는 보조 캐릭터로 도덕과 가치 판단의 중심에 서게 될 것이다. 아바타는 인간적인 관점에서 점점 더 많은 의미를 부여받게 될 것이다.

▲▼3-2. 감각의 실시간 다중 소통

현재 메타버스 플랫폼들의 가장 큰 특징은 동시다발적 다중 소통이다. 직관적으로 아바타를 보고 연결을 인식한다면, 음성의 실시간 소통을 이용해서 말하고 들으면서 대화한다. 앞서 설명한 것처럼, 다른 사람의 아바타를 보고 존재를 알아채고, 다른 사람도 내 아바타를 본다. 메타버스의 실시간 다중 소통은 감각적 인식에 가깝다. 보고, 듣고, 말하고, 촉감을 느끼는 것이 동시에 여러 방향으로 교환된다.

지금까지 인터넷 환경은 수없이 쌍방향 소통을 지향해 왔다. 그러나 동시 다발적 소통에 이르는 기술적 한계를 넘기 어려웠다.

기존의 소셜 미디어 조차도 한 방향으로 전파되는 방식이었다. 소통을 끊임없이 추구해왔지만, 미디어라는 이름답게 컨텐츠 생산자와 소비자가 같은 방식으로 동시에 소통하기에는 어려움이 있었다. 실시간이 가장 강조되는 유튜브 라이브에서조차 참여자는 댓글로 참여할 수밖에 없다. 크리에이터는 소수이지만 참여자는 다수이기 때문이다.

 시간차 없는 다중 소통

메타버스는 쌍방향으로 다중 소통을 시작하고 있다.

이전까지 소통의 방식은 컨텐츠에 댓글을 쓰는 방식이 주류였다. 이러한 방식은 시간차를 야기한다. 결과적으로 소통의 자유로움은 속도와 편리한 소통 방식에 달린 것이다. 기술은 소통의 시간차를 점점 줄

여서 트위터나 실시간 소통이 가능한 유튜브 같은 플랫폼이 나왔다. 실시간이라고 하더라도 결국은 텍스트 기반으로 많은 사람이 반응하는 방식에 머물러 있다.

감각의 동기화를 이루는 직관적 소통

현재 대부분의 메타버스는 매우 초기 형태이지만, 실시간으로 다중음성 대화가 가능하다. 현재의 메타버스 참여자들은 메타버스를 음성 기반 플랫폼과 혼동하기도 한다. 주 소통의 방식이 음성이라고 느끼기 때문이다. 그러나 소통은 음성과 제스쳐, 표정 같은 모든 감각에서 나온다. 오프라인에서의 소통이 더 명확한 것은 바로 그 점이다. 우리는 음성과 언어로만 소통하지 않는다. 최종적으로는 메타버스의 소통은 모든 감각의 실시간 소통으로 이어질 것이다. 기술의 발전은 맛, 냄새, 촉감, 진동 등 현실에서의 감각도 미러링 하게 된다. 그래야 요리 프로그램 진행자와 음식의 맛이나 냄새에 대해 진정한 소통을 할 수 다고 할 수 있다. 이러한 감각적인 전달은 여러 분야에서 발전을 가져올 것이지만, 가장 주요한 감각의 전달이라는 관점에서 궁극적 소통을 이룰 수 있을 것이다.

물론 가장 중요한 소통의 주체는 언어와 음성을 기반으로 하기는 하지만 보고, 듣고, 만지고, 냄새를 맡는 등의 감각적 실시간 소통이 가능하게 될 것이다. 이점은 일방적 정보 제공에 머물렀던 이전보다는 경험과 소통이 자연스럽게 강화되게 된다.

메타버스 커뮤니티 같이 같은 목적을 가진 사람들이 장소나 시간의 제약 없이 필요할 때 필요한 공간에 모여서 서로 의견을 나누고, 같은 경험을 즐길 수 있는 기본적인 환경은 이미 조성되었다. 이제는 기술이 얼마나 더 감각을 확장할 수 있느냐의 문제가 남았다.

앞으로 가상현실, 증강현실 등의 기술과도 결합하면서 다중 소통과 온라인의 경험은 현실을 뛰어넘게 될 것이다. 메타버스를 어떻게 활용하느냐에 따라, 모든 종류의 활동을 메타버스 안으로 가져올 수 있다. 인터넷 뉴스와 쇼핑몰 커뮤니티와 광고 같은 대부분의 현실을 다 담을 수 있다. 여기에 메타버스의 강점이 있다. 지금의 포털이 텍스트 기반으로 세상을 담았다면, 얼마 후에는 메타버스가 모든 세상의 기능들을 담을 것이다.

이제 우리는 메타버스 공간에 모여서 뉴스를 같이 보면서 서로 이야기를 하게 될 것이고, 물건을 살 때 판매자에게 문의 글을 남기는 대신에, 아바타로 판매자에게 직접 묻고 대답하게 될 것이다.

▲▼3-3. 메타버스의 공간 확장성

아바타가 의미 있는 활동을 하기 위해서는 공간이 필요하다. 팬더믹을 거치면서 메타버스가 급부상한 것은 현실 공간을 대체할 수 있었기 때문이다. 만나지 않고도 현실적인 활동을 할 수 있는 것 외에도, 공간적 한계와 시간과 비용도 뛰어넘게 되었기 때문이다. 삼차원의 존재인 인간은 공간의 제약을 받는 것을 당연히 받아들인다. 메타버스는 이러한 제약에서 자유를 주었다. 이제는 지역도, 국가도 너무 쉽게 넘나들 수 있게 된 것이다.

공간 활용의 효율성

아무리 공간적 무대가 넓어졌다 하더라도 현실에서의 만남을 메타버스가 대신하려면, 필요에 맞는 공간을 제공해야 한다. 공간은 결국 사용자가 모여서 현실적 목적을 달성할 수 있는 공간이다.

지금 가장 필요성이 대두되고 있는 업무공간을 대신할 회의가 가능한 공간, 다양한 커뮤니티 활동이 편리한 공간, 교육을 위한 공간, 공연장 등 목적의 맞는 소통과 기능을 갖추는 것도 필요하다. 이에 맞춰서 다양한 형대의 메타버스 플랫폼들이 이미 시작되고 있다.

이미 회의가 가능한 쌍방향 연결과 자료를 공유할 수 있는 시스템 등 을 구현하고 있고, 커뮤니티를 위해서는 상설 오픈된 공간, 행사를 위한 공연장 많은 사람들이 함께 의사표현을 할 수 있는 다양한 리액션의 공간도 제공한다. 결국 공간의 한계를 넘는 것도 편리한 연결이 가능한 커뮤니티가 핵심이다. 커뮤니티의 무대가 무한해진 것이다.

산업적인 측면에서도 공간의 확장은 더 효율적인 광고의 장이 되기도 한다. 메타버스에서는 제품의 상징성을 담은 경험이나, NFT 굿즈 등을 제공하면서 비용과 시간을 절약하게 된 것이다.

현실을 재현한 공간 미리보기

메타버스는 기본적으로 공간을 기반으로 한다. 공간적 부분을 구현하는데서 가장 먼저 현실을 복제한다. 필요한 공간을 가상으로 설정하는 것 외에도, 실제 현실의 공간을 다각도로 재현 한다. 맵을 기반으로 한 현실 공간을 재연해서 판매하는 메타버스 부동산 거래에서부터, 도시를 완벽히 재연해서 커머스로 이용하려는 시도까지 공간을 확장하려는 시도는 다양하다. 추상적인 의미의 공간 확장 뿐아니라 공간 그 자체를 메타버스 안으로 옮겨 놓으려는 것이다.

이 모든 시도는 아직까지는 아이디어 단계이다. 일부 메타버스 부동산 거래나, 상업적 공간에 대한 확장이 시도 되고 있다. 어떤 방식으로 활용하게 될지 여부는 사용자와 참여자, 자본이 결정하게 될 것이다. 그러나 이제 어떤 공간이라도 메타버스 안에서는 거래전에 방문해 보거나 특정 행사를 위한 공간에 시간을 절약해서 방문해 볼 수도 있다. 현실에서 유명한 공간은 메타버스 안에서도 유명하고 모두가 방문할 수 있는 공간이 될 것이다. 메타버스에서의 공간은 이제 추상적이라기 보다는 미리보기의 기능을 가지게 될 것이다.

미리보기를 통한 경험의 공간

장소를 미리보기 한다는 뜻은 세상의 모든 곳을 가볼 수 있다는 뜻이기도 하다. 앞에서 다룬 공간의 확장성이 사람 간의 연결을 용이하게 하는 추상적 공간을 뜻하는 것이었다면, 메타버스에서 재현한 공간은 경험의 공간이 된다.

현실에서 모나리자를 보기 위해서 루브르 박물관에 방문했다고 생각해보면, 루브르까지 비용과 시간을 들여서 방문해야 한다. 만약 메타버스에서 루브르 박물관에 방문 한다면, 진품 모나리자는 볼 수 없다. 하지만, 메타버스에서는 여유로운 환경에서 모나리자를 감상 할 수 있으면서, 모나리자의 정보나 스토리들을 확인 할 수 있다. 더불어 루브르의 실제 공간을 경험할 수 있게 된다. 메타버스의 공간은 이렇게 공간적인 경험을 선사 할 수 있게 된다. 이제 누구나 접근하지 못 라는 공간이라는 것은 존재하지 않게 되는 미래가 오고 있는 것이다.

상징이 되는 공간

공간적 제약을 뛰어넘어 모든 곳에 대한 접근 용이하게 해주는 것

외에도 메타버스는 공간을 상징적으로 구현한다. 공간이 상징적이라는 뜻은 가상의 공간을 구현한다는 뜻 외에도 공간을 관념의 범주, 상징적으로도 활용하게 된다는 뜻이다. 물론 현실에서도 여름 행사는 해변에서 진행 한다던지, 장소에 의미를 부여하기는 한다. 메타버스 안에서는 공간 조차도 인간활동, 즉 커뮤니티의 목적이나 성향에 맞춰서 상징성을 더욱 부여하게 될 것이다.

<90일 작가프로젝트>라면 우리만의 도서관을 만들 수도 있고, 등산모임이라면 커뮤니티에서 함께 에베레스트 정상에서 새해 일출 모임을 열 수도 있게 되는 것이다.

메타버스에서 공간이란, 지역의 연결을 강화하고, 공간의 제약을 뛰어 넘으며, 공간은 현실에서 불가능한 모든 경험이 가능한 체험의 세계가 된다.

현실적으로는 코로나19로 회사나 학교에 가지 못하는 문제를 해결하기 위해 주목받게 된 메타버스는 지역적 제약을 뛰어 넘는데 사용되고 있었다. 메타버스 안에서는 현실의 거주지역이 의미가 적다. 도시와 국가를 뛰어넘는 연결이 가능하기 때문이다. 필자와 같이 시골지역의 거주자는 문화적 활동이나, 취미를 위한 커뮤니티에 참여하기 매우 힘들다. 그 점을 메타버스로 해결 할 수 있다. 이 책에서 다룰 <90일 작가 프로젝트>가 메타버스에서 이뤄질 수 있었던 것도, 바로 공간을 뛰어넘는 메타버스의 확장성 때문에 가능했다. 앞으로는 소외지역에 대한 지원정책이나 문제 해결의 방안으로도 메타버스를 활용할 수 밖에 없을 것이다.

▲▼3-4. 메타버스의 커뮤니티의 접근성

메타버스에서의 확장성에 대해서 지금까지는 공간에 한정해서 설명했다. 기술과 결합한 메타버스는 이전 인터넷 환경의 특성을 그대로 가져온다. 익명성, 개별성, 이용자간의 폐쇄성, 개방성도 다 적용할 수 있다. 이같은 특성은 누구나 쉽게 커뮤니티를 만들기도 하고 이용할 수도 있게 만든 근본 이유가 되었었다.

메타버스에서는 기존의 소셜 네트워크가 가졌던 특성을 유지하면서도 기술적 발전이 접근성을 더 좋게 만들었다. 지금까지의 소셜네트워크가 누구나 참여 가능한 것을 전제로 발전해왔지만, 언제나 디지털 소외계층은 존재했다. 새로운 기술을 이용하기를 꺼리는 고령층이나, 문맹율이 높은 지역의 사람들, 아이들은 텍스트 기반의 인터넷 커뮤니티를 이용하기 힘들었다. 최근에 영상을 기반으로 한 유튜브나 틱톡의 등장으로 사용자의 연령이 확대 되었다. 접근성이 향상되었기 때문이다. 텍스트 기반의 인터넷 환경에서 항상 소외되었던 어린 아이들이 유튜브의 주고객이 되었고, 디지털 소외계층이던 노년층에게 유튜브는 가장 성공적인 미디어가 되었다.

영상을 기반으로 하는 소셜 미디어인 유튜브나 틱톡은 새로운 연령층을 이용자로 유입시켰지만, 여전히 어린이나 노년층이 크리에이터가 되어 커뮤니티의 주 참여자가 되기에는 어려움이 따른다.

사용자에서 크리에이터로의 전환이 쉬운 환경

그에 반해 메타버스는 아직 초기 형태인데도, 일단 접속만 하면 누구나 크리에이터나 참여자로 활동이 가능하다. 메타버스의 접근성이 더 좋아 졌기 때문이다. 글씨를 모르는 아이들이 메타버스 이프랜드에 쉽게 참여 할 수 있다는것이 그 예 이다. 새로운 사용법을 배우지 않아도 쉽게 참여가 가능한 것이 메타버스가 모든 사용자에게 열려있는 핵심이다. 기술은 발전 할수록 고도화 되지만, 사용법은 더욱 직관적이고 쉬워진다. 이 책에서 다룰 이프랜드는 음성을 통한 소통으로 진입 장벽을 더 쉽게 만들고 있다. 모든 사용자가 참여자로 참여자에서 크리에이터로 전환하는 것이 점점 쉬워지는 것이다.

이프랜드에서는 노래방을 대표적인 예로 볼 수 있다. 연령을 가리지 않고 실시간 음성을 통해서, 함께 모여서 만드는 노래자랑 모임이다. 유튜브에서조차 시청자로 남았던 아이들과 고령층도, 음성을 통해서 의사표현을 하기도 하고, 참여자가 되어 노래를 부르기도 한다. 참여자가 되는데에는 따로 준비도 필요 없다.

> 이프랜드에서 운영하는 노래방이 있는데, 누구나 신청하기만 한다면 노래할 수 있다. 초기에는 기존의 20-50대들이 참여했지만, 신규유저가 많아지면서 10세이하의 꼬마들과 60대 이상의 연령층도 함께 참여해서 노래하는 경우가 많아졌다.

네이버 카페에서는 불가능한 활동들이 있다. 참여자들끼리 돌아가면서 노래를 한다는 것은 불가능에 가까운 일이고, 유튜브에서도 크리에이터만 노래할 수 있는 것을 생각하면, 메타버스가 커뮤니티 활동에 얼마나 유리한 환경인지 쉽게 이해 할 수 있다.

이미 여러 가지 메타버스 플랫폼에서 음성으로 쌍방향 소통이 가능하기 때문에 메타버스 사용법을 즉석에서 질문하는 것도 가능하고, 글씨를 모르는 어린아이들도 노래하겠다는 의사표시를 하는 것이 가능하다. 아직은 인터페이스가 게임에 가깝고 사용법을 조금은 익혀야 하는 점이 있지만, 앞으로 웨어러블 기기의 발전과 함께 사용자의 접근성은 점점 더 쉬워질 것이다. 모든 사용자는 참여자이면서 크리에이터로 메타버스 안에서 전환하기에 더 쉬울 것이다.

배울 필요가 없는 메타버스

지금은 음성을 통한 메타버스 세상의 접근성을 이야기 했지만, 메타버스 플랫폼은 사용법조차도 현실을 복제한다. 최초에 디지털 세상은 프로그램 언어를 익혀야 했고 난이도도 높았다. 이후에는 윈도우가 나오면서 직관적인 인터페이스가 접근성을 낮췄다. 스마트폰 시대에는 터치 스크린이 일반화 되면서, 디지털 세상의 인터페이스를 이용하는 방법은 점점 현실의 감각을 사용하게 되었다.

인터넷을 사용하면서 쇼핑몰 홈페이지에서 시청 홈페이지로 이동한다고 생각해보자. 인터넷 브라우저를 이용할 줄 알아야 하고, 쇼핑몰의 주소를 검색하는 행동을 통해서 쇼핑몰에서 시청 홈페이지로 이동할 수 있다. 메타버스 안에서는 현실에서처럼 쇼핑몰 안을 걸어서 돌아다니다가, 걸어 나가서 시청으로 이동 할 수 있다. 이러한 메타버스의 사용방법은 현실에서도 같이 적용되기 때문에, 메타버스를 이용하기 위해서 따로 배우지 않아도 된다. 현실에서 사는 방법으로 메타버스를 이용할 수 있으니 이전처럼 프로그램 언어를 배우거나, 디지털 세상을 위한 새로운 기술을 배워야 할 필요가 없다. 드디어 배울 필요가 없는 디지털 세상이 도래 하는 것이다.

▲▶ 3-5. 신체적 한계를 뛰어넘는 확장성

주목해야 할 또 다른 점은 신체적 한계를 뛰어넘을 수 있다는 것이다. 이번에도 유튜브의 라이브 스트리밍을 예를 들면, 명확해진다. 유튜브의 라이브 스트리밍은 글씨를 모르는 아동이나 시각장애인도 청취는 가능하다. 하지만 댓글로 소통할 수는 없다. 텍스트를 기반으로 하는 소통에는 한계가 있지만 메타버스에서는 다양한 소통의 수단이 이용된다. 현재는 음성을 이용한 양방향 소통이 주로 이용되지만, 의사 표현을 대신할 보조 장비를 메타버스에서는 이용할 수 있다. 음성을 대신할 AI 보이스를 이용할 수도 있고, 반대로 음성을 텍스트화 할 수도 있다.

편견을 넘어선 메타버스

신체를 뛰어넘는 확장성에는 소통만이 아니다. 편견을 넘어설 수도 있다. 아바타를 이용하기 때문에 메타버스에서는 편견을 넘어 설 수 있는 기회의 장이 되 줄 수 있기를 기대한다.

장애의 경우가 편견과 싸우는 대표적인 예이다. 사회활동이나 능력에 전혀 문제가 되지 않는데도, 현실에서는 편견으로 작용하기도 하고, 애초에 기회를 박탈당하는 등 부당한 대우를 받을 수도 있다. 메타버스 안에서는 아바타로 활동하기 때문에 익명성이 강조되고, 개인적 특성이 덜 드러나기 때문에 다양한 편견과 싸울 필요가 줄어든다. 이런 편견은 장애에 국한되지 않는다. 젠더 문제나 비만 같은 외모적 편견을 넘어설 수 있으리라 기대한다. 앞으로 메타버스가 낳을 많은 직업군 중에, 아니면 컨텐츠 크리에이터 중에서 현실에서는 넘을 수 없는 벽을 넘는 일이 많아지기를 희망해 본다.

영화 아바타에서 주인공은 장애를 탈출한 방법의 하나로 나비족이 되기를 선택한다. 메타버스는 영화같은 탈출구는 될 수 없을지는 모르나, 신체적 한계를 넘어서 경험을 할 수 있는 곳이 되어 줄 것이다. 사실 모두에게는 신체적, 비용적 한계가 있다. 대부분의 사람은 비용이나 두려움 때문에 도전하지 못하는 많은 레포츠가 있다. 장애가 없더라도 신체적 한계는 누구나에게 존재하는 것이다. 이러한 한계가 모두에게 없는 곳이 메타버스이다. 두려움이나 비용의 걱정없이 다양한 활동을 하고, 다양한 경험을 하는 곳은 인류 전체의 꿈에 가깝다. 메타버스는 그런 세상으로 발전해나갈 것이고, 여기서 문제는 기술이 얼마나 빨리, 모두에게 보급될 것이냐 하는 문제 뿐이다. 매우 현실적이면서, 저렴한 디지털 감각을 느낄 수 있는 날이 빨리 오기를 고대한다.

현시점에서 이프랜드에서도 실제로 적지않은 수의 장애를 가진 분들이 인플루언서나, 이용자로 참여하고 있다. 이프랜드에서도 이점을 인식하고 장애 인식개선을 위한 행사 기획을 하는 등 노력을 하고 있다.

4. 메타버스는 커뮤니티다

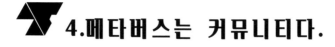

4.메타버스는 커뮤니티다.

지금까지 메타버스가 가진 확장성에 대해 이야기 했다. 메타버스가 현실을 복제하고, 현실을 뛰어넘는 경험의 장이 될 것이라는 점은 명확하지만, 일부의 특성에 대해서만 다뤘다. 많은 책과 언론에서 기술을 바탕으로 바라본 메타버스의 미래를 다루고 있지만, 기술의 미래는 오히려 불확실하다. 어떤 회사의 기술이 표준이 되어 시장을 장악하고, 어떤 기술이 혁신을 가져올지 모른다. 우리는 발전의 방향만을 예상할 뿐이다.

메타버스의 미래를 더욱 명확하게 보는 방법이 있다. 인간의 필요와 욕망의 관점에서 보는 것이다. 개인의 욕망과 사회적 욕망, 글로벌 기업의 욕망은 일치하지는 않는다. 시장원리 안에서 욕망도 우선 순위를 가지기는 하지만 많은 사람을 모이게 하는 가치의 힘은 존재 한다. 메타버스는 그런 가치와 함께 작동한다.

초고속 인터넷이 활성화 되기 전부터, SF영화에서는 미래 인터넷 기술이 가치와 정보의 평등을 실현할 것을 꿈꿨다. 온라인은 판매자와 소비자를 연결하고, 정부와 시민을 연결해서 탈권위를 만드는 시작이 될 것이라 보기도 했다. 인터넷이 시작되는 시점에는 정보의 평등이 실현될 것처럼 보이기도 했지만, 반세기도 지나지 않아서 디지털 소외, 디지털 불평등 같은 단어를 만들어 냈다. 인터넷 환경도 시스템의 일부였고 기업과 시장은 인터넷을 인프라로 이용하는 경제 시스템 안에서 경쟁했다. 결국 현재는 거대 플랫폼의 독과점이라는 익숙한 상황으로 흘러왔다.

메타버스에서 도달할 새로운 가치의 커뮤니티

새로운 기술의 시대는 새로운 가치와 함께 힘을 얻는다. 메타버스도 그렇다. 메타버스가 시장을 이기고 탈 중앙화와 탈권 위를 만들어 낼 수 있을 지는 확신 할 수 없을지 모른다.

확신할 수 있는 것은 메타버스가 커뮤니티라는 공동체의 강력한 시발점이 될 것이라는 점이다. 앞서 설명했듯이 메타버스의 특성, 확장 현실, 그 어느 때보다 직관적인 접근성, 동시성, 쌍방향 소통의 힘으로 강력한 커뮤니티를 형성할 것이다. 커뮤니티는 탈권위로부터 시작한다. 대부분의 많은 사람들은 권위의 밖에서 온 사람들이기 때문이다. 권위 밖에서 모인 사람들이 커뮤니티를 이루고, 수평적인 관계를 만들 수 있는 곳이 메타버스다. 현실적으로는 메타버스는 태생적으로 기술, 자본 집약적으로 탄생된다. 지금까지의 탈 중앙화와 탈 권위의 시도는 자본과 기술에 의해서 좌절 되었다. 그러나 이번에는 기술에 도움으로 탈 중앙화가 메타버스 안에서 시작하게 될 것이다. 기술은 단지 개인들에게 소통의 장을 나눠 줄 뿐이지만, 문화적 부분에서부터 다양한 가치와 취향을 시작으로 진정한 의미의 탈 중앙화의 시작을 열 것이다. 메타버스는 가장 수평적이면서도 모두의 목소리를 대변할 수 있는 새로운 공간이 되기를 바란다. 이번에도 분명 자본과 권력이 탈권위와 탈중앙화 시도를 무력화하는 노력을 기울일 것이지만, 인터넷이 시작되던 그때부터 꿈꿔온 미래를 이번에는 모두가 나눠 가지기를 바래본다.

지금까지의 역사는 광장에서 변해왔다. 메타버스는 메타버스의 기초를 만든 자본과 정부의 의도와는 반대로 커뮤니티의 광장이 될 것이다. 기술이 해결한 접근성으로 역사상 어느때 보다 많은 사람이 모인 광장이 될 것이다. 메타버스의 가치는 커뮤니티에 있고, 커뮤니티는 메타버스를 인간 가치를 달성할 미래를 현실로 만들 것이다.

4-1. 메타버스가 커뮤니티인 이유

이상적인 꿈에서 벗어나서 현실적으로도 메타버스가 커뮤니티에 유리한 플랫폼이 될 것이라 예측하는 것은 어렵지 않다. 세상에서 가장 큰 소셜 미디어 페이스북이 사명을 메타로 바꾸고 온라인 공간을 확장하려고 하는 것만 봐도 알 수 있다. 페이스북은 온라인 세상을 경험할 수 있는 공간으로 바꾸려고 시도하고 있다. 메타가 완성하고 싶은 메타버스 세상이야말로 현실의 확장판으로 아직은 VR이나 여러 기술의 발전이 더 필요할 것으로 보인다. 이제 소셜 미디어로 불렸던 페이스북은 이제 단방향성의 미디어라기 보다는 감각적 경험을 함께하는 새로운 소셜 네트워크가 되고 싶은 것으로 보인다.

 ### 페이스북 이었던 메타가 꿈꾸는 미래

메타의 요즘 광고를 보면, VR기기를 착용하고 자전거를 타는 장면이 나온다. 광고 속 인물은 혼자 집에서 헬스용 자전거를 타고 있지만, 메타버스 안에서는 여러 사람과 모여서 꿈꾸던 자전거 코스를 함께 달리는 모습으로 묘사하고 있다. 메타는 초월적 공간과 시각적 경험을 주면서 온라인 커뮤니티의 미래를 보여준다. 아직은 기술적 한계가 있지만, 기술과 결합해서 모든 종류의 커뮤니티와 캠페인을 메타버스 안에 구현할 수 있을 것이다.

메타는 페이스북, 인스타그램 왓츠앱을 포함한 회사이다. 현재 가장 큰 소셜 미디어와 메신저 앱이 추구하는 메타버스는 하나다. 결국 현실의 사용자를 연결하기 위한 것이다. 정부기관, 기업의 캠페인이나 업무환경, 가족 간의 연결, 커뮤니티 등 모든 성격의 연결에 적합하고 효율적인 연결을 독점하고 싶은 것이다. 메타는 모든 연결의 핵심이 되고 싶어 한다. 그것은 광고만 봐도 알 수 있다.

 메타가 메타버스를 꿈꾸는 이유는 커뮤니티

메타가 꿈꾸는 메타버스에는 이유가 있다. 지금까지의 온라인의 성패는 커뮤니티에 달려 있었기 때문이다. 사람들은 항상 합리적인 이유로 기술을 택하지는 않는다. 가깝거나, 친구가 사용하거나, 내가 사용하는 언어에 더 적합하거나의 다 다른 이유가 있다. 그 모든 이유의 핵심에 커뮤니티가 있다. 내가 속한 커뮤니티의 결정에 따르는 것이다.

메타버스 안에서의 활동도 사람간의 연결과 상호작용이 핵심이다. 메타버스는 사람들의 연결을 만들고 연결은 의미를 만든다. 사람들은 연결 속에서 사회적, 개인적 의미를 찾는다. 메타버스가 미래를 바라보는 핵심 키워드인 것 같지만, 사실 커뮤니티가 미래릐 핵심이다. 우리가 꿈꾸는 가치가 현실적 한계를 넘어 공동체의 미래를 바꾸느냐에 대한 문제이다. 기술은 기술을 위해서 존재하지 않는다. 기술의 혁신은 수면 아래 갇혀있던 공공의 이익, 인류의 가치를 실현 하는데 이바지 할 것이다. 지금은 앞으로 발전할 산업, 부가가치를 생산할 시스템이 무엇인가를 알아내는데 혈안이 되어 있지만, 다가올 미래의 변화는 사회 시스템의 변화를 이끌어 낸다.

우리가 석기와 청동기를 구분할 때, 가술의 발전 단계에 따라서 혁명적인 변화가 있었다고 평가한다. 그러나 석기와 청동기시대에 생산성의 엄청난 차이는 있을지라도, 사람들은 같은 방식으로 사는 것을 고수했다. 다른 시대의 사람들은 다른 기술로 석검과 청동검을 만들었다. 인류 기술의 발전은 단순하게 보면 이런 것이다. 기술은 발전하지만, 사람들은 여전히 인간적으로 살아간다. 기술은 사람들을 편리하게는 해주지만 바꾸지는 못한다.

메타버스는 사람들이 더욱 인간적일 수 있도록, 연결은 더 공고하도록, 꿈을 더 이루기 쉽도록 만들어 줄 것이다. 우리는 메타버스의 미래는 예상한 수 있으나, 메타버스 안에서 사람들이 이룰 변화는 예측할 수 없다. 그것이 커뮤니티에 포커스를 맞춰야 하는 이유이다.

4-2. 현실을 뛰어넘는 경험

메타버스의 현실을 초월적 경험이라고 한다면, VR, AR을 빼 놓을 수 없다. 햅틱같은 촉감을 제현하는 기술이나, 센서가 결합한 수많은 웨어러블 기기들이 놀라운 경험의 주체가 될 것에는 의심의 여지가 없다.

이 책에서는 초월적 경험을 선사할 기술 발전 보다는 커뮤니티가 어떻게 메타버스를 경험의 장으로 이용하려고 하는지를 다루려고 한다. 상상하는 모든 것을 실현할 수 있는 세상은 상상할수록 경험의 종류와 깊이가 달라진다. 사람들의 다양한 필요나 활용은 기술의 발전만큼이나 혁신적으로 미래를 바꿀 것이다. 가상현실에 현실성을 불어넣는 것은 가상의 감각을 재현하는 기술이고, 가상현실을 더욱 초현실적으로 만들고 한계를 뛰어넘게 만드는 것은 욕망에서 나온다. 현실에서 우리가 꿈꾸었으나 이룰 수 없었던 수많은 경험은 이제 메타버스 안에 있다. 메타버스가 게임으로부터 시작된 것은 가상현실과 인간의 상상을 결합하는 초월적 경험에 대한 욕구 때문이다.

초현실적 경험의 시작

그렇다면, 메타버스의 초 현실성을 커뮤니티들은 어떻게 활용하게 될까? 취미를 위한 동호회가 기다려왔던 세상이 열렸다고 볼 수 있다.

만약 스킨스쿠버 커뮤니티가 있다고 가정해 보자,

스킨스쿠버 기초 이론 교육 강좌를 할 수 있는 강의실부터, 이론 교육을 시뮬레이션할 수 있는 가상의 환경을 설정할 수도 있을 것이다. 수압이라던가 조류의 흐름 같은 이론적인 부분을 이전에는 영상이나 그림으로 공부했지만, 이제는 실제 바다와 같은 가상현실에서 시뮬레이션을 통한 경험으로 익힐 수 있게 된다.

유명한 다이빙 포인트를 재현한 공간에서 커뮤니티의 행사를 하는 것도 가능해진다. 호주의 유명한 바닷속을 재현한 공간에서 다이빙을 하는 것 같은 모습으로 다이버들을 위한 축제를 열게 되는 것이다.

현실이라면 바닷속에서 열리는 다이버들의 축제는 절대 불가능하겠지만, 메타버스에서는 충분히 가능하다. 물론 현재는 한계가 명확하다. 그래픽 구현의 한계 때문에 현실이라고 느끼기 어려운 상황이기는 하다.

만약 지금 당장 바닷속을 재현한 메타버스 안에서, 위와 같은 모임을 가진다면, 아무리 좋게 평가해도 바다그림을 걸어놓고 모임을 하는 정도일 뿐이다. 기술은 있지만, 기술적 환경이 덜 구축되었기 때문이다. 현재 메타버스를 보면서, 게임 같은 모습에 초현실적 경험을 하려면 멀었다고 생각할 수도 있다. 초월적의 경험은 미디어의 과장이라고 생각할 수도 있다. 메타버스는 이제 시작되었고, 가능성을 실험 중이라는 점을 명심하면 좋겠다.

우리는 반세기전만 해도 흑백 텔레비전을 봤고, 스마트폰으로 누구나 4K 영상을 시청할 것이라고 상상하지 못했다. 기술 발전은 시간문제일 뿐이다. 이제 하늘이든 바닷속이든 우주든 원하는 공간에 모여서 함께 원하는 일을 하게 될 것이다.

위에서 설명한 스킨스쿠버 커뮤니티의 예에서는 전 세계의 모두와 동시에 공간을 뛰어넘어, 현실을 초월한 바닷속에서 다이버를 위한 콘서트 같은 초현실적인 행사를 기획할 수 있게 되었다. 이러한 상징적인 공간에서의 커뮤니티 활동은 가장 추상적이면서도 몰입감을 선사하게 될 것이다. 어떤 상상이든 불가능은 없고, 어떤 상징이든 상상하기면 하면 경험할 수 있다.

4-3. 현시점의 메타버스 환경

지금까지 설명한 메타버스는 현실의 모든 편리성을 탑재하고, 웨어러블 기기들과 VR 등을 이용해서 모든 것이 간편해지고, 상상을 다 이룰 수 있는 영화같은 세상처럼 여겨진다. 그러나 현실의 메타버스는 아직 경험해 본 사람이 매우 소수 이거나, 시작단계에 있다.

지금 2023년애 메타버스는 어디까지 와 있을까? 이미 많은 사람들이 편리하게 이용하고 있는데, 나만 모르는 것은 아닐까? 아니면 아직은 메타버스라고 부르기에 시기상조일까?

현시점에서 메타버스 안에서는 어떤 일이 일어나고 있는지, 어떻게 활용되고 있는지를 이야기 해보려고 한다.

 메타버스의 시작

메타버스는 게임이 가장 먼저 구현했다. 주어진 게임을 사용하는 유저에서, 게임환경을 바꾸거나 게임 안에서 커뮤니티를 운영하면서 게임의 세계관을 바꾸는 일, 게임에서 현실같은 제 2의 삶을 투영하는 것에서 창조자인 크리에이터들이 생겨났다. 크리에이터가 된 게임유저들은 처음에는 현실을 복제하다가, 초현실적인 경험을 만들어내면서 메타버스 세상의 가능성을 봤다.

그렇게 시작된 메타버스는 코로나19를 시점으로 본격적으로 주목받기 시작했고, 실험의 장이 되었다. 코로나19로 비대면이 절실한 현실의 해결책이 되어 주었다. 비대면이 필요한 분야는 처음에는 학교와 직장이었으나 사태가 장기화 되자, 공연과 콘서트에도 확장되기 시작했다. 기업들은 새로운 기술이라는 이미지와 함께 메타버스를 활용하고, 그 안에서 광고 했다. 그렇다면 현재 2023년 시점에서 메타버스는 과연 얼마나 실용적인 활동이 가능할까?

로블록스, 제페토 게더타운, 이프랜드 등의 점유율이 높은 메타버스들이 생겨났지만, 규모가 작고 목적이 분명하다. 교육, 소셜 미디어, 게임들이다. 메타버스라기 보다는 일부 중요한 기능이 개선된 앱이라고 보는 것이 맞을 정도다. 시작 단계의 메타버스는 작은 분류에서부터 현실을 병합해 가려고 하고 있다.

그러나 기술적 연결이 부족한 태동기의 메타버스조차도 메타버스의 기본적인 요건은 갖추었다. 자유로운 소통과 현실과의 확장성, 크리에이터의 중요성등은 공통적인 요소이다. 다만 앞으로의 활용 방향성은 조금씩 다르게 분화하는 중이다. 시작하는 단계이니만큼 유연하고, 자유롭다. 크리에이터나 참여자가 아이디어를 내서 얼마든지 다양한 활용을 하는 것이 가능해졌다. 지금의 메타버스는 불완전하지만 마치 인체조직이 세분화 하면서 발생하듯이 현실과 가상세계를 서로 연결하고 있는 중이다. 앞으로 신체에서 중요한 기능을 수행할 각 장기가 생기는 것과 같이 중요한 기능들을 전문적으로 수행하면서, 현실의 다른 부분과의 연결을 시작하고 있다.

각기 다른 메타버스 앱마다 다른 전문성을 가지고 분화하고 있는 중이고, 서로를 연결하기 위해 확장하는 중이다. 다시 말하면, 현실을 초월하기 위한 미러링을 진행하면서 현실을 확장하고 있으면서, 궁극적으로 현실과 가상세계의 통합을 이룰 최소의 기틀이 닦였다.

더 쉽게 말하면, 메타버스 고유의 특성은 지니고 있으나, 회의만 가능하거나, 소셜 미디어 기능만 갖추었거나 하는 상태이다. 이런 각각의 메타버스들은 앞으로 비슷한 수순을 거쳐 경제 시스템을 도입하고,

정부 시스템과 각종 공공기능을 흡수하고, 어떤 것이 더 효율적인가를 실험하게 될 것이다. 각각의 현실의 기능들은 메타버스에서 마치 하나의 장기처럼 작동할 것이고, 세부 기능들도 완성해 나갈 것이다. 이 책에서 가장 다루고 싶었던 것이 현재의 메타버스 환경이니 만큼 세부사항으로 나누어 현재의 메타버스에 대해 이야기 해보려고 한다

4-4. 커뮤니티에 유리한 메타버스 환경

지금까지 동호인이나 같은 관심사를 가진 사람끼리 게시판, 까페나 커뮤니티 활동 등을 통해 모여서 정보를 교환해 왔다. 좋은 내용이 있으면 글과 사진으로 공유해왔고, 그나마 새로운 플랫폼인 유튜브나 틱톡은 커뮤니티보다는 소셜 미디어에 가깝다.

이제와서 생각해보면 네이버가 커뮤니티를 위해 만든 카페는 개념이 매우 미래적인 것이었다. 커뮤니티를 위한 상설 가상공간에 커뮤니티 구성원이 편리한 시간에 필요한 만큼 드나들 수 있는 카페를 인터넷 초기 시절에 구상한 것이다. 익명성을 유지하면서도 친목 도모도 가능하고, 카페에 모인 듯이 자유롭게 이야기 할 수 있는 곳, 진정한 의미의 커뮤니티를 위한 카페가 이미 메타버스 안에서 가능하다.

메타버스는 커뮤니티 활동에 초월적 경험 뿐만 아니라 유리한 환경을 제공한다. 심지어 현재는 지원하는 기능들은 앞으로 가능한 기능들에 비하면 극히 일부분일 뿐인데도, 이미 진보된 커뮤니티 활동이 가능하게 되었다.

 커뮤니티를 위한 공간

먼저 커뮤니티의 성격이나 규모에 따라 오픈형, 폐쇄형 공간으로 운영할 수 있다. 아직도 대부분의 커뮤니티들이 게시판 형태로 운영되는 것을 생각하면, 메타버스 공간은 현 상태만으로도 혁신적이다. 이런 공간은 상시적으로도 운영할 수도 있고 그때 그때 임시로 운영이 가능하다.

플랫폼에 따라서 성격이 달라지기는 하지만, 중요한 것은 어떤 가상에 공간에서 이제 편한 시간에 우연히 약속하지 않고 만날 수 있다는 점이다. 자유로운 시간에 자유롭게 만난 사람들끼리 다양한 경험을 영상이나 실시간, 음성으로 이야기를 할 수 있다는 것만으로도 커뮤니티의 활용성이 달라진다.

동시성과 소통이 주는 자유

게시판 성격의 커뮤니티들은 같은 정보는 공유하지만, 동시에 같이 의견을 나누기는 어려웠다. 텍스트는 의견을 조율할때는 적합하지 않다. 정보를 공유하기 쉬운 느리고, 자세한 매체라고 봐야 한다. 전보가 시작되던 때부터 우리는 동시성을 추구해 왔다. 시간차가 없는 소통을 꿈꿨다. 전화도 영상통화도 가능한 세상에서 동시성을 이야기 하는 것이 어색해 보이기는 하지만, 동시성은 이제 일대일을 넘어서 다중 소통을 꿈꾸는 것으로 이어졌다.

오랫동안 우리는 다음 카페나 네이버 카페를 이용하면서 동시적 다중소통을 꿈꿔왔으나 쉽지 않았다. 메타버스는 이제 동시적 다중 소통의 시작 점이 된다. 이제는 같이 음성을 이용해서 이야기 할 수 있다는 사실 하나만으로도 많은 것이 달라진다.

지금까지 100% 온라인으로 유지되는 커뮤니티의 경우에는 글과 영상으로만 의견교환을 하거나 노하우를 서로 공유하기 어려운 점이 있었다. 현재 메타버스에서는 음성으로 이야기를 하기때문에 실시간 토론이나, Q&A가 가능해 진다. 아바타를 활용해서 모였을 뿐이지 카페에 모여서 이야기 하는 것과 같은 환경을 드디어 갖추었다.

이미 오래전에 네이버가 꿈꾸었던 커뮤니티인 카페는 안타깝게도 카페에 모여서 아무도 말하지 못하고 쪽지로 의견을 교환 하는 것이나 다름 없었다. 하고 싶은 말이 많은데도, 쪽지를 적고, 돌려보는 과정에서 사람들은 피로감을 느끼고, 오프라인 모임으로 빠져나갔다.

지금 메타버스의 커뮤니티는 카페에 둘러앉아 자유롭게 대화를 나눌 수 있다. 다만, 아바타라는 가면을 썼을 뿐이다. 다음 단계는 함께 차도 마시고, 다같이 나가서 함께 등산이나 수영 같은 취미활동을 할 차례인 것이다.

현시점에서의 메타버스는 완전한 현실의 복제품이라고 하기에는 어렵다. 아직은 커뮤니티 중심의 음성형 플랫폼이라고 할 수 있다. 완전히 독립적인 확장 현실로 작동하기에는 많은 부분이 부족하다. 그러나 메타버스의 가장 기본적 요소인 쌍방향 소통만으로도 많은 변화를 가져왔다. 아직은 자료의 공유나 누적도 중요하기 때문에 게시판형식의 보드와 함께 병행해서 이용할 수밖에 없기는 하다. 그러나 이제 커뮤니티의 가장 중요한 무대는 메타버스가 되어가고 있다.

대규모 커뮤니티 행사를 위한 공간

커뮤니티에서 뭔가를 기념하는 행사를 한다고 가정해 볼 때 메타버스 공간은 매우 효율적이고 합리적인 공간이 된다. 오프라인 행사를 할 경우 들어가는 비용과 노동을 생각하면 비용에 대한 부담 없이 행사를 할 수 있게 된다. 특히나 온라인 기반의 인원수가 많은 커뮤니티의 경우는 한 장소나 도시에 회원이 모두 모여서 행사를 하는 것은 매우 어렵다. 메타버스에서는 커뮤니티를 홍보할 수 있으면서도 비용 부담이 적고, 공간적 제약을 뛰어넘을 수 있는 편리한 공간이다.

특히 온라인 커뮤니티의 경우는 지금까지 필요한 행사를 기획할 경우 사전에 중요한 행사는 오프라인 모임으로 기획하는 경우가 많았다. 작은 규모라면 간단히 장소를 섭외하고, 모이면 그만이지만, 큰 규모의 커뮤니티는 장소 섭외 비용, 참가명단, 행사 진행 인원 등 준비할 사항이 많다. 비용도 많이 들고, 시간적 제약, 한번에 참가 할 수 있는 인원등 모든 과정이 쉽지 않다. 그 모든 시간, 공간, 금전적 비용은 커뮤니티의 참가자가 부담하는 경우가 대부분이고, 커뮤니티의 활동은 위축되기 매우 쉽다..

메타버스라면, 참여하고 싶은 사람은 모두 모여서 행사를 참여할 수 있고, 장소, 인력등을 운용할 비용이 들어가지 않는다. 오프라인 행사는 아무리 잘 기획된 행사라도 동시에 참여할 수 있는 인원이 제약을 받는다. 메타버스도 현실적으로는 동시참여 인원에 제한이 있지만, 기술의 발전으로 제한없이 많은 사람이 함께 할 수 있을 것이다.

메타버스는 이전의 어떤 매체나 플랫폼 보다도 커뮤니티에 유리한 환경을 가지고 있다. 미래에는 더 완벽하게 보완 되겠지만, 현 시점에서도 커뮤니티에 유리한 특성들을 차례차례 따져 보겠다.

▲▼ 4-5. 새로운 체험형 커뮤니티를 위한 공간

지금까지 온라인 커뮤니티는 소통의 제한이나 텍스트 기반이라는 한계 때문에 자신의 경험을 공유하는 형태로 이뤄졌다. 그리고 온라인으로만은 불가능한 형태의 커뮤니티가 많이 있었다. 춤을 책으로 배우기는 어렵듯이 근본적으로 온라인으로 유지하기 어려운 형태의 커뮤니티가 많이 있다. (물론 어떤 활동을 하는 커뮤니티이든 정보의 교류는 당연히 필요하다. 그 점을 간과하는 것은 아니다.)

코로나 19로 교육을 위한 강의가 어느 순간 줌으로 많이 대체되었다. 공교육을 줌이 일정 부분을 대체하기 시작하면서 시청각 자료와 실시간 질의 응답을 통해서 온라인 교육을 보완해 나갔다. 그러면서 기존 온라인 교육의 한계를 넘어서기 시작했다. 줌의 강점은 듣기만 하는 강의에서 벗어났다는 점이다. 참여하는 강의가 되었다는 점이다. 줌은 메타버스라고는 볼 수 없지만, 여기서 많은 사람들이 메타버스의 가능성을 이해하게 되었다는 점에서 중요한 역할을 했다.

연결이 강화된 커뮤니티

메타버스는 줌보다 한발 더 나아간다. 참여를 넘어서 체험을 함께한다. 현재 메타버스는 VR의 구현이 매우 제한적이다. 이전의 게임같은 3D 그래픽이 주류라고 할 수 있다. 그런데도 같은 관심사를 가진 사람들이 주말이나 오후에 자연스럽게 한 공간에서 만나서 정보교류를 하거나 앱 내의 게임을 함께 하기도 하고, 커뮤니티의 프로젝트에 정기적으로 함께 하기도 한다. 이전에는 커뮤니티 활동을 할 때, 네이버 카페 같은 공간에서 새 글을 읽거나, 댓글을 달았다. 같이 있고, 같은 글을 읽지만, 함께 한다는 느낌, 연결이 희미한 것이다.

메타버스에서는 아바타를 통해서 함께 있다는 것을 직관적으로 이해한다. 이전처럼 온라인 상태를 표시한 '작은 빨간색 점'에 비해서 매우 진보적인 형태인 것이다. 이전에 게임에서도 아바타를 통해서 함께 같은 활동을 했지만, 게임내의 세계관안에서만 작동 되었다.

메타버스 커뮤니티에서는 궁금한 취미 활동이 있으면 직접 누군가에게 묻고, 동시에 다른 장소에서 함께 취미 활동을 할 수도 있고, 약속을 정해서 일제히 만나서 챌린지를 할 수도 있다. 그 활동의 종류는 커뮤니티의 다양성 만큼이나 다양하다.

체험을 공유하는 공간

메타버스 자체에서도 함께 할 수 있는 체험을 제공하려고 노력한다. 공간을 만들 때, 우리 모두가 아는 특정 공간 부산을 만든다고 가정해 보자, 부산의 특징인 다리나, 바다, 부산의 건물들을 재현해 둔다. 사람들은 부산의 바닷가를 걸으면서 이야기 하고, 바닷가에 무대를 세워 놓고 커뮤니티 행사를 하기도 한다. 아바타들은 부산의 바닷가에 모여서 해맞이를 할 수도 있다. 크리스마스라면 현실에서는 존재하지 않는 루돌프를 탈 수 있게 하거나, 잠시 아바타의 외모를 눈사람으로 바꿀 수 있게 하기도 한다. 눈싸움을 미니게임으로 제공하기도 한다. 이제 현실의 특정 이벤트를 메타버스안에서 경험으로 공유하게 된 것이다.

이전에 게임들은 승패나, 보상, 스토리가 정해져 있었다면, 메타버스안의 활동들은 커뮤니티 활동을 풍부하게 해줄 보조적인 시스템이라는 점이다. 게임에서는 눈싸움에 승리하면 경험치나 리워드를 주지만, 메타버스안의 눈싸움은 추억이 된다. 누구와 함께 했는지, 어떤 이야기를 하면서 했는지가 중요하고, 리워드가 없어도 충분히 참여한다. 메타버스가 기술의 기반 위에서 시작되는 커뮤니티 활동인 이유이고, 체험을 공유하는 플랫폼인 이유이다.

▲▼4-6. 소외계층을 위한 소통의 장

커뮤니티의 가장 큰 특징은 소통이다. 메타버스는 소통이 가장 편리한 공간 중 하나다. 우리 사회는 점점 작은 가구 단위로 쪼개지는 중이다. 특히나 1인가구나 사회적 고립 문제가 점점 대두되고 있다. 저소득층이 아니라고 하더라도 젊은 세대는 3포 세대등으로 사회적 고립을 자처하는 경우가 많다. 이는 비용과 관계의 스트레스나 여가시간의 한계 등이 문제가 되는 경우가 대부분이다. 친구가 필요 없고 사회적 연결이 필요 없는 사람은 없다.

실제 관계에서는 시간, 비용, 감정적 소모가 생긴다. 이 중에 하나라도 결핍되면 관계를 이어나가기 어렵다. 메타버스는 온라인의 기본적인 특성을 가지기 때문에 시간과 비용에서 비교적 자유롭다. 물론 시간과 비용의 소모가 없는 것은 아니지만 매우 적다. 익명성 역시 감정적 소모에서 비교적 자유롭게 해준다. 이러한 기본적인 조건이 오프라인 관계를 맺는데에 소극적이었던 사람들이 다시 커뮤니티에 합류하게 만든다.

만약 가벼운 마음으로 집 근처에서 하는 독서 모임에 참여하기 시작했다고 가정해보면 쉽게 알 수 있다. 처음에는 독서에 충실했던 모임이 횟수가 거듭될수록 차도 마시고, 식사도 하다가 개인적인 이야기도 하는 사이가 된다. 매번 만날때마다 커피값도 부담해야하고, 시간도 들고, 관계도 점점 가까워지는데, 여기서 이탈자가 항상 생긴다. 이탈자들은 이제 메타버스 커뮤니티 독서 모임이 훨씬 생산적으로 느껴질 수도 있다. 책에 대한 이야기는 맘껏 나눌 수 있으면서, 비용이나 시간적으로 자유롭고 감정적 소모도 적은 모임이 될 수 있는 것이다.

사회적으로도 대가족으로 시작되었던 전통사회에서는 온 마을 사람들이 모두 친구였다. 집 밖을 나서는 순간부터 만나는 많은 사람들이 어릴적부터 봐왔던 사람들이다. 일상을 공유하고 고민도 나누면서 살았다. 지금은 상황이 달라졌다. 1인 가구는 점점 많아지는 중이고, 이제는 물건을 살때조차 대화가 필요 없다. 친구나 가족이라고 해도 거리나 현실적인 이유 때문에 일상을 공유하기는 힘들다. 메타버스 커뮤니티는 사회적 관계와 소통의 기능을 수행하게 될 것이다.

상호작용이 핵심

퇴근 후 매일 보는 유튜브 영상의 주인은 내가 영상을 보는지 모른다. 나는 매일 보고 있지만, 함께 대화를 나눌 수는 없다. 메타버스는 내가 매일 가는 커뮤니티에 꾸준히 참여하면서 다른 사람들을 알아가기도 하고, 대화를 나눌 수도 있다. 기존의 소셜 미디어가 짝사랑이었다면, 메타버스는 이제 진짜 상호작용하는 사랑이 된 것이다.

지금은 메타버스의 태동기라서 참여자가 많지 않다. 그러나 사용자 간의 소통의 커뮤니티가 시작되고 있다. 아주 새로운 것이라 보기는 어렵지만, 훨씬 편리하고, 함께 한다는 연결의 측면에서 볼때는 이전과 비교할 수 없는 강력한 사회적 소통의 기능으로 성장하고 있다.

저소득층 일수록 오프라인 활동보다 온라인 활동이 시간이 더 많다고 한다. 이전 세대가 라디오나 티비를 틀어놓고 작업을 하는 세대였다면, 메타버스는 고립된 사람들을 연결해주고 고립감을 해결해주게 될 것이다.

지금도 메타버스의 사용 연령층은 매우 다양하다. 메타버스의 직관적인 사용법 때문인데, 이점은 메타버스가 사회적 고립을 해결할 열쇠이기도 하다.

고령의 어르신의 경우 사회복지사의 방문 서비스나 커뮤니티 센터 방문을 통한 교육을 하는 경우가 많다. 최대한 많은 시간을 커버하려고 노력하지만, 아직도 부족한 점이 많다.

AI스피커 서비스가 처음 나왔을 때, 생각보다 고령자들의 활용도가 높았다. 모든 사람은 사회적 관계와 소통이 필요한데, 고립된 고령층에게 AI가 소통 할 수 있는 친구가 되어 줬던 것이다. AI는 가장 접근하기 쉬운 소통대상이었던 것이다.

접근성이 좋아진 메타버스는 고립된 사람들에게 사회적 연결통로가 되어줄 것이다. 현시점에서는 모여서 대화하거나 노래하는 정도이지만 벌써 만족도는 매우 높다.

메타버스는 저소득층, 고령자, 사회적 소외계층에게 소통할 수 있는 기능을 할 수 있게 되기를 바란다. 복지의 한 축으로 작동하거나, 새로운 기회의 장이 될 수도 있을 것이다. 애초에 메타버스가 탄생한 가치에 부합하게 작동하기를 기대해 본다.

▲▼4-7. 가장 인간적인 공간이 될 메타버스

메타버스는 아바타를 통한 익명성을 가진 공간이다. 이점이 메타버스를 궁극의 인간성을 드러내는 공간으로 만들어 줄 수도 있다. 메타버스를 경험하면서 느끼는 큰 특이점은 나이와 조건에 상관없이 모두 친구가 된다는 점이다.

현실에서 그 사람이 어떤 일을 하는 사람이거나, 어떤 학교를 나왔는지도 메타버스에서는 알 수 없다. 그래서 사람들은 메타버스에서 새로운 것에 도전한다. 예를 들면 편견에 도전하는 것 같은 일을 한다.

"엄마가 무슨 남을 가르쳐?"라든가 "할아버지 나이에 이제 배워서 뭐해?" 같은 편견이 애초에 없다. 같은 관심사를 가진 사람들일 뿐이다. 내가 가진 재능을 살려서 강의를 시작할 수도 있고, 현실에서는 나이 때문에 드러내놓고 하기 어려웠던 팬클럽 활동을 할 수도 있다. 메타버스에서 솔직하게 욕망을 드러내서 자아실현을 하게 되는 것이다.

사회적 가능성에 대한 실험

메타버스는 지금 모든 가능성을 실험하고 있는 사회적 실험실이다. 정치, 사회, 경제, 교육 등의 모든 분야가 생겨나고 있다. 교육적 기능은 이미 게더타운이나 ZEP을 통해 입증 되었고, 정치 캠페인이나 금

용기능들도 하나둘씩 시작하고 있다.

이중에서 커뮤니티의 한 부분이면서도 인간적인 부분을 드러낼 분야가 있다. 상담이나. 회복을 위한 챌린지 들이다. 특히나 심리적인 문제의 경우 한국사회의 특성상 치료를 포기하거나, 상담받기를 꺼리는 경우가 많다. 메타버스를 잘 활용하면 가벼운 상담이나 고민을 나눌 수 있는 공간이 될 수 있다.

금연이나 금주 모임, 피해자 모임들의 익명성이 필요한 모임은 메타버스에서 그 기능이 강화될 수 있다. 필자는 심리 상담 관련 분야에 무지하다. 하지만 메타버스가 가장 인간적인 공간이 될 수 있고, 그 활용방안이 무궁무진하다는 점을 이야기하고 싶다. 메타버스는 기술이 핵심처럼 보이지만 사실은 이용자인 사람이 가장 중심이 되는 공간인 것이다.

지금은 원격진료에 대한 논의가 본격적으로 시작되었고, 일부 서비스도 시작 되었다. 앞에서 말한 듯이 가벼운 상담에서부터 원격의료까지 기술의 성장에 따른 법적 기준을 마련함으로써 메타버스의 활용은 무궁할 수 있다.

 느슨한 관계와 윤리적 가치

활용성을 떠나서라도 메타버스 공간은 언제 어디서나 성격에 맞는 커뮤니티를 찾을 수 있는 공간이 될 것이다. 메타버스 안에서 가장 중요한 가치는 관심사이다. 이것은 인터넷 환경과도 같은데, 모두가 자신이 관심있는 정보에 접근한다.

익명으로 같은 관심사를 가진 사람들이 모였기 때문에 나이, 지역, 학력, 재산 정도가 오프라인에 비해 쉽게 드러나지 않는다. 참여자들의 이해관계도 덜 밀접하다. 오랜만에 순수하게 목적을 위해 서로 돕게 되는 진정한 의미의 커뮤니티가 될 수 있는 플랫폼처럼 보인다.

이해관계는 어디서나 생기기 마련이지만 메타버스가 탄생하는 시점이니만큼 모두를 위한 플랫폼으로 남기를 바라본다. 메타버스는 사람들이 모이는 만큼 현실에서 일어나는 가치판단, 윤리적 문제를 현실과 공유한다. 현실의 이슈가 메타버스에서 이슈가 되기도 하고, 메타버스 안에서의 새로운 매너, 윤리, 가치들도 생겨날 것이다.

메타버스는 그렇기 때문에 가장 인간적인 공간이면서, 가장 상업적인 공간이 될 것은 분명하다.

▲▲4-8. 가장 상업적인 공간이 될 메타버스

기업이 꿈꾸는 이상은 제2의 인스타그램, 페이스북처럼 전세계, 모든 서비스를 아우르는 독점적 상업적 광고판이 되는 것이다. 물론 한 가지 플랫폼이 독점하는 것은 쉽지 않지만, 지금까지는 편의성을 위해 결과적으로는 한두 가지 플랫폼이 점점 더 많은 사용자를 끌어모으면서 독점적 위치를 가졌었다. 아마도 지금 시작되는 메타나 제페토, 이프랜드 중 몇 개의 플랫폼만이 살아남을 것이고, 그 목적은 하나다. 독점적 위치를 가진 광고판이다. 우리나라 포털과 구글이나 인스타그램 광고는 구조적 차이도 많지만, 또 다른 차이는 그 대상이나 구글의 광고는 기업뿐만 아니라 개인에게도 자신을 광고하라고 부추긴다. 이점에서 메타버스가 어떤 성격의 광고판이 될 것인지 예측할 수 있다.

메타버스는 지금까지 나온 어떤 매체보다 현실의 가장 많은 분야를 미러링할 세상이고, 다양화, 세분화된 필요를 가진 개인들이 모인 최대 커뮤니티가 될 것이다. 우리가 상상할 수 있는 모든 종류의 세분화된 커뮤니티가 다 메타버스 안으로 모일 것이다.

벌써 메가 매크로, 인플루언서 보다 마이크로, 나노 인플루언서의 광고 효과의 신뢰성이 높다고 평가 받기 시작했다.

❖인플루언서는 규모에 따라 다음과 같이 나눠진다.

❖메가Mega 100만명의 팔로워 /매크로Macro 10만명~100만명 팔로워 / 마이크로Micro 1천명에서 1만명 팔로워 /나노Nano 인플루언서 1천명미만 팔로워

마이크로나 나노 인플루언서의 특징은 팔로워들과 더 끈끈한 유대 관계를 가지고 팔로워들의 신뢰도가 더 높은 것이 특징이다. 메타버스는 물론 메가 인플루언서를 중심으로 한 대형 커뮤니티도 많이 활동 하겠지만, 가장 활발하고 광고 효과가 높은 커뮤니티는 사이즈가 작은 커뮤니티들일 것이다. 이점을 기업들이 놓칠 리가 없고, 수익을 내기 힘들었던 소규모 크리에이터들까지도 개인의 브랜딩을 하거나 기업 광고에 함께 동참하는 등 가장 상업적인 공간이 될 것이다.

인스타그램의 광고의 경우는 일반인의 포스트와 섞여서 게시됨으로써 광고가 아닌듯한 형식을 취하려는 노력을 하고 있다. 메타버스의 광고는 더욱 더 작은 단위로 일상의 수다나 소규모 모임, 행사같은 형식의 교묘한 광고를 보게 될 것이다. 크리에이터는 상업광고의 탈 중앙화를 이끌 주체로 활동하게 될 것이다.

커뮤니티와 인플루언서의 관점에서만 상업성을 이야기 했지만, 메타버스의 시작의 한 축을 기업이 담당하고 있다. 메타버스에서의 개인의 모든 활동과 이용자 수, 성향, 활동성이 수익이 될 것이다. 신제품 프로모션 행사와 광고는 오프라인과 메타버스와 병행하게 될 것이다. 현재는 경제 시스템이 시작단계라서 상품판매는 이뤄지지 않고 있지만,

다이렉트 판매, 소셜커머스, 라이브 커머스도 결국 메타버스에서 정착할 것이다.

큰 규모의 커뮤니티는 결국 메타버스에서도 유용한 광고 루트가 될 것이다.

4-9. 모든 장르의 크리에이터를 흡수할 메타버스

상업성을 유지하기 위해서는 메타버스 커뮤니티에 참여자가 많아야 한다. 참여자를 끌어들이고 유지하도록 하는 사람은 컨텐츠 생산자인 크리에이터다.

이프랜드는 세계최초의 메타연극을 공연하였고, 뮤지컬, 콘서트등을 꾸준히 기획중이다. 이전의 텍스트 기반의 커뮤니티는 음악이나 연극이 주제라 하더라도 사진과 동영상 공유가 전부였고, 유튜브가 등장하면서 그나마 실시간 라이브를 이용할 수 있게 되었다. 유튜브에서 노래를 하더라도 박수갈채 대신에 이모지나 텍스트가 전부였다.

강화된 참여형 공연

메타버스는 아바타 연극, 공연도 가능하고, 실제 라이브 공연을 중계하는 것도 가능하다. 물론 관객도 아바타를 이용해서 기립박수를 치거나 마이크를 켜고 실제 박수를 쳐줄 수 있다. 이제 청중이라기보다는 참여자가 된 것이다. 이프랜드에서 진행된 실제 공연도 배우들의 연기 일부분을 참여자가 따라해보는 것으로 기획되었다. 오프라인 공연이 아니라면 어려웠던 장면이다. 이처럼 메타버스는 공연성이 뛰어나기 때문에 신인 크리에이터들에게 기회의 장이 된다.

 미술시장에 새로운 참여자와 크리에이터가 만나는 곳

공연 뿐만 아니라 전시도 가능하다. 미술 관련 크리에이터들은 전시장을 열어서 전시회를 할 수도 있고, NFT로 발매해서 판매할 수도 있다. 물론 음악과 동영상 책도 NFT로 발매가 가능하기 때문에 크리에이터들이 저작권을 지키기에 더 유리해 지고 있다. 미술 크리에이터의 저작권을 지키기에 용이해진 메타버스는 새로운 창작자들을 위한 전시 공간이 될 것이다. 신인 작가의 경우 자신의 작품을 홍보하거나 거래하기 위한 전시를 하기까지의 비용, 전시에 참여 할 수 있는 기회가 모두 어렵다. 메타버스라면 상황이 달라진다.

누구라도 쉽게 작품을 만들고 공유하고, 거래하고 전시회같은 행사도 가능하다. 예술시장에서 소외된 신인작가에게 메타버스는 기회의 땅이다.

예술품은 언제나 희소성을 가치로 가진 제품이었다. 그점에서 디지털 아트는 복제의 자유로움 원본과 복제품의 동일성 때문에 저평가

받았다. 그러나 NFT의 등장으로 디지털 아트 또한 고유성과 희소성이 더욱 명확하게 드러나게 되었다. 이제 미술 관련 작가들은 드디어 대중성을 가질 수 있는 시대가 되었다. 메타버스 시대에 작가들을 후원해줄 대중은 이제 메타버스 안에 있다.

최근 현대화가 데미안 허스트가 구매자에게 NFT와 실물 작품 중 하나를 선택하게 했다. NFT를 소유 의사를 밝힌 구매자들의 실물 작품을 태워서 NFT의 가치를 높인 사건이 있었다. 이제 미술품 소유자는 진위 여부가 확실하지 않고, 보관에 신경써야 하는 실제 미술품보다는 NFT를 소유하고 거래하고 싶어한다. 메타버스는 NFT 작품들의 유통, 전시의 중요한 공간으로 자리잡을 것이다.

데미안허스트 Damien Hirst - 죽음과 부폐를 주제로 포름알데히드 안에 동물 사체를 저장한 작품을 발표해서 터너상을 받았다. 영국의 대표적인 현대미술가, 상업적으로도, 대중적으로도 성공을 거뒀다.

NFT Non-fungible token
블록체인 기술을 이용해서 디지털 자산의 소유주를 증명하는 가상의 토큰(token)이다. 그림·영상 등의 디지털 파일을 가리키는 주소를 토큰 안에 담음으로써 그 고유한 원본성 및 소유권을 나타내는 용도로 사용된다. 즉, 일종의 가상 진품 증명서.

몰입형 가상 전시 공간

최근 많은 인기 전시를 생산 중인 미디어 아트는 사실 실제 세상 보다는 메타버스 세상에 더 잘 어울리는 형태의 전시이다. VR장비를 착용하고 메타버스 안에서 만나는 미디어 아트는 몰입감을 주는데는 최적의 조건을 다 갖췄다.

어차피 진품을 보러 가는 전시가 아닌데, 가상공간으로 옮기는 것은 전혀 어렵지 않다. 가상의 전시공간의 공간의 크기나, 해상도 같은 현실적인 조건을 통일 하기에도 더 쉽다. 미디어 아트의 목적도 몰입형 경험을 선사하는 것이다. 미디어 아트는 어쩌면 메타버스의 일부를 현실에 옮겨 놓은 것인지도 모른다.

예술에서의 몰입의 경험이 각광 받는데는 이유가 있다. 예술을 감상하기 위한 관찰의 존재로 인식했다면, 내가 중심이 되어 작가의 경험을 공유하게 되는 것이다. 내가 고흐가 되고, 모네가 되는 것이다. 이러한 몰입의 경험은 예술에 대한 이해도를 당연하게 높여 준다. 그러면서 소비자가 기꺼이 예술적 감상에 비용을 내게 만든다. 이점은 기업과 크리에이터에게 모두 수익을 낼 수 있는 기회가 몰힙형 전시에 있다는 뜻이기도 하다. 당연히 기업과 예술가들은 이점에 주목하고, 메타버스는 몰입의 경험을 주기 가장 유리한 매체가 될 것이라는 의미이다.

크리에이터의 수익화

교육 관련 강의자나 크리에이터, 엔터테인먼트 관련 행사, 재태크 강의, 심지어는 실제 세상에서 일어날 수 밖에 없는 여행 관련 크리에이터까지 모든 종류의 크리에이터들을 메타버스가 흡수하게 될 것이다.

현재 메타버스에 가장 필요한 요소 중 하나가 사용자를 끌어모으고 묶어둘 수단인 크리에이터이다. 크리에이터는 봉사자가 아니다. 수익을 따라움직인다. 유듀브가 성공한 이유도 수익을 보장했기 때문이다. 사용자나 참여자는 서비스를 이용하거나 물건을 구매할 때 비용을 낸다. 그 비용에서 기업은 수익을 내고, 그 수익을 극대화하기 위해서 크리에이터와 협업을 통해 광고를 한다.

크리에이터는 순수 예술활동이나 생산성을 동반한 활동으로(강의나 제품판매, 공연) 수익을 얻는 구조다. 광고를 하거나, 순수 창작활동을 하더라도 수익을 낼 때 가장 중요한 것은 사람이 모여 있는 커뮤니티 이다. 모든 현실의 편의성을 모아 놓은 사람이 모여 있는 곳이 메타버스다. 크리에이터도 그래서 당연히 메타버스가 필요하다. 대형 크리에이터로 성장할 기회의 땅이기 때문이다.

로블록스가 엄청난 수익을 내는 것으로 한때 유명했지만, 아직 딱히 메타버스 자체에서만 수익을 내기는 어려운 상황이다. 그래도 이미 제페토, 이프랜드, 로블록스등이 개인 크리에이터의 수익화를 도입했다.

물론 앞으로 수많은 변화를 거쳐나갈 것이기는 하지만 수익화에 앞선 경제 시스템도 덜 갖춰진 상태이기는 하다. 메타버스는 워낙 빠르게 변하고 있으니, 미래를 내다보고 투자해야하는 것은 기업이나 개인이나 마찬가지라고 본다.

메타버스에서의 크리에이터의 위치는 이전까지와 다르다. 크리에이터는 메타버스의 창조자이면서 유지를 도와줄 주 소비자이기도 하다. 특히나 커뮤니티 관점에서 본다면, 크리에이터의 다양한 수익을 보장하고, 좋은 크리에이터를 많이 모을수록 메타버스의 다양성도 커진다. 때문에 크리에이터는 가장 보호받으면서 수익성을 높일 수 있는 기회를 얻었다.

▲▼4-10. 기회의 땅 메타버스

새로운 플랫폼이 생길 때마다 새로운 스타 크리에이터들이 탄생한다. 유튜브는 '떡상'이라는 단어를 만들면서, 새로운 스타 인플루언서의 등장을 알렸다. NFT 유통 플랫폼인 오픈씨Opensea 는 작품을 알릴 기회가 없던 신인 미술작가들에게 기회의 장이 되었다.

그에 반해 자본의 시스템이 많이 작동하는 분야인 대중음악이나 공연 분야에서는 유튜브도 틱톡도 큰 힘을 쓰지 못했다. 신인가수나 작곡가들, 연극배우나 공연기획자들도 메타버스에서는 비용 걱정 없이 자신의 작품을 선보일 수 있다. 이미 제페토와 이프랜드에서는 유명가수의 콘서트등 행사가 기획되고 있다. 신인 가수들은 작은 규모로 라이브 공연을 보여 줄 수도 있다. 유튜브에서 라이브 방송을 한다면 노출될 기회가 이제 크지 않다. '떡상'의 기회를 영영 놓쳤다고 생각할 수도 있다. 이제 기회는 메타버스에 있다. 메타버스는 이제 성숙되어가고 있는 시장이기 때문에 신인가수가 메타버스를 활용한다면, 메타버스와 함께 동반 성장할 기회를 가질 수 있을 것이다.

작게 보면 이미 포화상태에 이른 인스타그램 인플루언서나 네이버 인플루언서가 되지 못한 사람들이라면 메타버스에서 두 번째 기회를 노려볼 만하다. 물론 기존 인플루언서들도 메타버스에 빨리 올라탈수록 새로운 팬과 광고주를 만날 수 있게 된다.

메타버스 커뮤니티의 사례

이 책은 메타버스의 핵심인 커뮤니티를 설명하고 있다. 사실 메타버는 실제로 경험을 해본 사람도 명료하게 설정하기 어렵고, 경험해보지 않은 사람이라면 아무리 장점을 설명해도 이해되지 않는다. 메타버스를 그나마 이해하기 쉽게 설명하고 싶었다.

메타버스는 어려운 이야기가 아니다. 결국 사람들이 활용하게될 새로운 환경 일뿐이다.

다만 이전에 비해 용도가 너무 다양해 졌다. 이 세상에 잘 적응해야 몸이 편하다. 메타버스는 결국 편하고, 귀찮지 않게 해주는 가상 세상이기 때문이다.

<90일 작가 프로젝트>에서 우리는 전국에 펼쳐진 각자의 집에 앉아서, 책을 썼다. 아래 내용은 메타버스 앱 이프랜드에서 시작된 책 쓰기 커뮤니티 <90일 작가 프로젝트>의 시작과 과정을 다뤘다. 메타버스가 지금 어떤 사람들에게 어떤 일을 만들어 낼 수 있는지 확인할 수 있는 사례가 되길 바란다. 그런나, 간접체험은 직접체험을 이길 수 없다. 가능하다면 메타버스를 경험해보기 바란다.

5. 이프랜드

이프랜드 로고 출처: SK텔레콤 이프랜드

▲▼5-1. 이프랜드 Ifland

이프랜드는 SK텔레콤이 서비스하고 있는 메타버스 플랫폼이다. 무료로 이용 가능하고, 모바일 앱으로 서비스되고 있다. 국내에 이어 글로벌 서비스도 런칭해서 해외 메타버스 시장의 선점도 노리고 있다.

이프랜드 글로벌 이미지 출처: SK텔레콤 이프랜드

소셜미디어+게임이 결합된 제페토와 화상회의기능 중심의 게더타운의 중간쯤 성격의 플랫폼으로 볼 수 있다. 아바타 + 음성소통 + 자료공유가 가능하다. 기본적으로는 음성기반의 메타버스 플랫폼으로 이해해도 무방하다. 여러 가지 다른 기능을 제공하기는 하지만 음성소통이 차지하는 비중이 높기 때문이다. 빠르게 여러 가지 기능이 추가되고 있으며, 경제시스템도 구축 중이다.

제페토와 많이 비교되는데, 제페토+ZEP이라고 할 수 있을 정도로 소셜기능 + 회외,교육 기능이 강력하다. 앞으로 많은 강의나 커뮤니티를 흡수할 것으로 보인다.

제페토 보다는 그래픽적인 완성도가 떨어지는 편이나 회의, 교육 기능을 위해서 그래픽 성능을 조절 하는 것으로 보인다. 다른 메타버스의 장점을 흡수하면서 시장 2위 메타버스의 자리를 노리는 것으로 보인다. 하지만 커뮤니티 기반이라는 강점 때문에 운영만 잘한다면 국내 시장 1위, 다음까페- 네이버 카페를 잇는 차세대 소셜 네트워크 플랫폼으로 자리잡을 수 있을 것으로 보인다.

이프랜드 아바타 출처: SK텔레콤 이프랜드

아바타

이프랜드도 다른 플랫폼처럼 아바타를 만들어서 활동한다. 이프랜드
가 제공하는 다양한 동작에 따라 함께 춤추기, 박수치기, 손들기, 인사
하기등 다양한 모션이 가능하다. 다양한 모션을 실시간으로 사용할 수
있어서 모임 주최자에게 반응해 줄 수 있다. 이프랜드의 아바타는 회
의형 메타버스처럼 2등신이 아니다. 인간형 모습으로 꾸미기가 가능하
다. 현재는 스튜디오를 이용해서 옷을 만들 수는 있지만, 커스텀을 만

들어서 수익화하는 것은 아직 도입되지 않았다.

이프랜드안 가상공간 랜드 출처: SK텔레콤 이프랜드

이프랜드안 가상공간 랜드 출처: SK텔레콤 이프랜드

랜드

모임의 주최자는 랜드라고 하는 가상공간을 만들어서 사람들을 모을 수 있다. 랜드에는 현재 한번에 131명까지 동시에 입장이 가능하다.

랜드라고 하는 모임 장소는 목적에 맞는 모습을 가지고 있다. 공원이나 바닷가, 카페, 도서관, 교실, 콘서트홀, 방송국 등 다양하다. 개설자가 원하는 분위기의 랜드로 개설해서 모임을 주최하면 된다.

랜드에 입장한 사람들은 의자에 앉거나 뛰어다니는 등의 동작이 가능하다. 랜드의 성격에 맞게 활용가능한 아이템도 다 다르다. 유저가 랜드를 직접 꾸밀 수는 없고, 이미 만들어진 랜드를 골라서 일정 기간 여는 개념이다.

양방향 음성 소통

이프랜드의 가장 중요한 기능은 참여자 모두가 소통할 수 있는 음성 소통기능이다. 마이크를 켜면, 주최자나 참여자 모두 동시에 이야기를 나눌 수 있다. 이 기능 때문에 주최자와 참여자의 구분이 필요 없고, 참여형 모임을 진행할 수 있다. 음성 소통이 자유롭다는 점 때문에 이프랜드의 기능을 이미 접속해서 배우기도 한다. 다른 유저에게 사용법을 묻거나 팁을 가르쳐주는 방식으로 처음부터 소통하면서 이용하게 된다.

음성기능을 이용해서 이프랜드에서는 정기적인 노래방을 매주 진행한다. 이런 음성기반 소통을 더욱 잘 활용할 수 있도록 마이크 아이템을 지원한다. 가상 마이크를 들면, 음성에 에코가 생기면서 오프라인 행사에 맞먹는 노래자랑 행사가 되기도 한다.

이프랜드의 소셜 기능 출처: SK텔레콤 이프랜드

 소셜 미디어 기능

이프랜드뿐만 아니라 다른 메타버스 내에도 인스타그램이나 페이스북과 유사한 기능의 소셜미디어 기능을 함께 제공한다. 사실 소셜 미디어의 기능적인 구현은 어렵지 않다. 기본적으로 게시판이기 때문이다. 소셜 미디어의 핵심은 '얼마나 많은 사람이 이용하는가' 이다. 아무도 보지 않는 신문에 광고를 내는 사람은 없다. 그래서 지금은 사용자가 더 많은 인스타그램등 과 동시에 이프랜드의 소셜 기능을 사용하고 있다

이프랜드의 다양한 기능 모임 출처: SK텔레콤 이프랜드

이프랜드 내에 1:1 메시지, 팔로잉, 사진 업로드, 댓글 기능 등을 제공한다. 하지만 사용자가 많아지면서, 가장 많이 발전할 것으로 보이는 부분이 소셜 미디어 기능이다. 결국 SNS의 운명을 결정하는 것

도 사람이다. 메타버스로 유입되는 사람이 절대적으로 많아진다면, 메신저, SNS도 메타버스 안에서 통합하게 될 것이다.

이프랜드의 다양한 이모지 출처: SK텔레콤 이프랜드

 ## 이프랜드의 주요기능

이 책에서는 이프랜드의 자세한 설명을 하려고 하는 것은 아니다. 메타버스는 아직 태동기라고 볼 수 있다. 어떤 자세한 설명을 해도 겨우 한 두 달만 지나면, 새로운 기능 설명이 필요하게 된다. 때문에 커뮤니티 활동에 유리한 어떤 기능들을 제공하고 있는지만 간단히 설명하고 넘어가려고 한다.

이프랜드의 자료공유 기능 출처: SK텔레콤 이프랜드

기본적으로 모임을 위한 기능을 제공한다. 발표나 강의를 위한 공유기능이 있다. 동영상, 이미지 등을 업로드해서 함께 볼 수 있다. 실시간 화면공유기능을 제공해서 기술적인 프로그램의 기초를 배우는 강의나 교재를 활용한 교육에도 적합하다. 실시간 화면 공유화면을 이용해서 라이브 공연이나 실시간 마술, 여행 브이로그등의 실시간 방송도 가능하다. 그러면서도 제페토처럼 게임의 요소를 가져왔다. 때문에 줌보다 캐주얼한 회의나 커뮤니티에 매우 적합한 플랫폼이다.

매일 수많은 랜드에서 다양한 주제의 모임이 열리고 있으며, 교육, 문화, 예술부터 기업홍보, 기관행사, 전시회 같은 공식적인 모임도 열린다. 물론 각종 취미와 엔터테인먼트적 요소가 가미된 모임부터 소소한 소통모임까지 실시간으로 쉴새없이 열린다.

현재 이프랜드내 가상 경제 시스템을 만들어가고 있으며, 유저와 크리에이터들의 수익화도 지원하기 시작했다.

이프랜드 인플루언서들의 모임 출처: SK텔레콤 이프랜드

◢▼5-2. 이프랜드 인플루언서

이프랜드는 메타버스 환경을 구축하는 것 이외에도, 메타버스 세상을 주도할 크리에이터를 양성하고 지원하고 있다. 이프랜드의 특성상 '이프랜즈'라고 불리는 인플루언서들은 각자의 컨텐츠를 주제로 한 모임을 연다. 그 성격은 매우 다양하다. 노래방부터, 독서, 연주회, 요리, 영화 등 수많은 다양한 관심사를 가지고 메타버스 모임에서 이야

기 하거나 같이 즐긴다. 인플루언서들은 강의자이거나 진행자로 모임을 이끌어 간다.

<90일 작가 프로젝트>도 인플루언서인 필자가(활동명-올레비엔) 기획한 컨텐츠였다. <90일 작가 프로젝트>의 참여자는 이프랜드 인플루언서가 대부분 참여 했다. 메타버스 세상에서 인플루언서로 활동하는 사람들이 대부분이다 보니, 100% 온라인 모임으로만 책을 쓰고 출간한다는 것에 거부감을 가지거나, 어려운 점이 있을까봐 걱정하는 사람은 없었다.

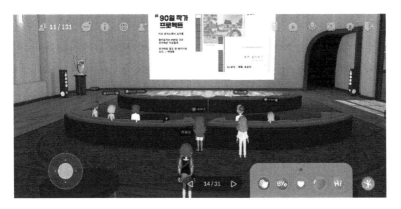

이프랜드에서 진행한 90일 작가프로젝트 출처: SK텔레콤 이프랜드

5-3. 메타버스의 커뮤니티 <90일 작가 프로젝트>

이번 장은 메타버스 커뮤니티 <90일 작가 프로젝트>에 대한 기록이다. 앞에서 설명한 메타버스 환경은 매우 새롭고 낯설게 느껴진다. 현시점의 메타버스는 태동기이며, 메타버스의 요건이 완성되지 않았다고 하는 사람들도 있다.

필자가 보기에는 메타버스의 구조는 완성되지 않았으나 사용자는 이미 메타버스로 사용하고 있다고 말 할 수 있다. 메타버스를 사용하는 사용자 중에 메타버스를 정확하게 정의 할 수 있는 사람은 많지는 않다. 그러나 직관적으로 메타버스를 어떻게 이용해야할지 커뮤니티에서 관계를 어떻게 유지 해야할지, 새로운 사용처나, 사용법은 무엇이 있는지를 만들어 간다. 사용자가 메타버스의 사용처를 확장해 가고 있는 것이다.

메타버스의 주체는 사람이고 핵심은 결국 메타버스 커뮤니티에 있다고 설명한 것처럼, 메타버스는 커뮤니티 작동 원리에 따라 움직이고 있다. 따라서 메타버스는 실시간 소통형 커뮤니티들의 모임에 가깝다. 보통 온라인 커뮤니티에서 무슨 일이 일어나는지는 우리도 익히 잘 안다. 사람은 모두가 경험해 봤기 때문이다. 그래서 메타버스 안에서 실제 일어나는 일은 예상하기 어려운 미래적 현상이 아니다. 플랫폼은 달라졌지만, 사람들은 하던 일을 계속 할 뿐이다.

메타버스를 먼저 경험한 사람들

원고를 쓰고 있는 2023년 현 시점에서 정확히 메타버스를 예측할 수도 규정할 수도 없다. 그러나 메타버스는 이미 온 미래이다. 누구도 설명할 수 없는 메타버스 세상 속 현상을 인간의 관점에서, 그중에서도 연결과 확장성 커뮤니티의 관점에서 설명하고 싶었다. 필자와 <90일 작가 프로젝트>의 작가들은 이프랜드에서 메타버스를 먼저 경험했고, 메타버스가 개인에게 미치는 영향을 경험했기 때문이다.

현재 메타버스를 경험한 사람은 매우 소수이다. 막상 메타버스를 한두번 경험했더라도 게임같은 모습을 한 메타버스에서 진지한 일을 할 수 있으리라 예상하기는 어렵다. .

이 책에서 메타버스를 기술과 산업의 관점에서 설명하고 싶지는 않았다.

스마트폰의 기술은 시작될 때에 비해 엄청나게 발전했지만, 사람들이 스마트폰으로 하는 행위는 전혀 달라지지 않았다. 사진을 찍고 사랑하는 사람과 공유하는 것이다.

메타버스도 새로운 도구일 뿐이다. 메타버스 안에서 우리가 원하는 일은 메타버스가 있기 전과 전혀 달라지지 않았다.

기술을 빼고 메타버스를 설명하는 가장 좋은 방법이 우리에게 일어난 일을 그대로 보여주는 것이라고 생각했다. 다음 장은 메타버스 커뮤니티라는 맥락에서 벗어나 보일 수 있지만, 메타버스를 가장 잘 설명하는 사례가 될 것이다. 이제부터는 커뮤니티를 성장시키고 싶거나 유대관계를 더 긴밀히 갖고 싶다면, 메타버스에서 시작해야 할 것이다.

<90일 작가 프로젝트>가 가장 아날로그적 목적인 책쓰기를 어떻게 메타버스를 활용해서 이루는지 지켜봐 주기를 바란다. 메타버스를 경험하지 않아도 실제적으로 어떤 일이 일어났는지를 설명하기 위해 있는 그대로의 이야기를 담았다. 메타버스 커뮤니티 보다는 책쓰기에 치우친 이야기로 흘러갈지도 모른다. 메타버스 커뮤니티는 경험을 공유하는 것이 핵심이다. 경험이 커뮤니티의 성공도 만든다. 그래서 다음장 장 <90일 작가 프로젝트>는 글쓰기 커뮤니티에 대한 독립적인 이야기 이기도 하다는 점을 이해해주기 바란다.

METAVERSE
COMMUNITY
메타버스는 커뮤니티다.

6. 90일 작가 프로젝트

6. 90일 작가프로젝트

▲▲ 6-1.커뮤니티로 시작한 <90일 작가 프로젝트>

누군가와 함께 내가 공부한 것을 공유하면서, 함께 책을 쓰기로 마음먹었다. 혼자 책을 완성하기란 힘들 것을 잘 알기 때문이다. 커뮤니티의 힘을 활용한다면, 모두에게 유용한 활동이 될 것이라 확신했다.

함께 할 공간을 인플루언서로 활동하고 있던 메타버스 이프랜드로 택했다. 메타버스로 택한 이유는 단순하다. 접근성이 좋고 사람들이 많이 모여있고, 자료공유나 소통이 자유로웠기 때문이다.

메타버스에서 활동하지 않았다면 자연스럽게 줌으로 함께 책을 쓸 사람을 구했을 것이다. 줌은 강의나 회의 환경에 더 적합하기는 하지만, 아무때나 자유롭게 모이고 싶은 커뮤니티로 사용하기에는 불편한 점이 있다.

일단 가장 눈에 보이는 것은 아바타이다. 얼굴을 드러내야 하는 줌에 비해서 나를 노출시키지 않아도 된다. 나이, 외모는 물론이고, 화상회의 자리에 앉기 위해서, 급하게 립스틱 바르고, 책상을 대충 치우지 않아도 되다는 점이다. 이점은 줌은 현실을 편리하게 이용하기 위한 도구이고, 메타버스는 또 다른 현실이라는 점을 대변하는 가장 큰 차이점 이었다. 망설임 없이 이프랜드에서 함께 도전할 사람들을 찾기 시작했다.

▲▼ 6-2. 90일 작가프로젝트가 사용한 플랫폼들

현재의 메타버스 환경은 완벽하지는 않다. 메타버스 안에서 모든 것을 해결하기에는 불편한 면이 있다. 우리가 글쓰기를 위해서 네이버 카페를 가입했지만, 실시간 연락을 위해서 카톡을 주고받는 것과 같다.

<90일 작가 프로젝트>도 책 만들기 강의는 이프랜드에서, 공지나 소소한 이야기는 카카오톡에서, 중요한 회의나 질문 등은 이프랜드를

이용하면서, 편리하게 자료를 공유하고 연결을 유지 했다. 인스타그램으로는 매주 쓴 분량을 인증하면서 긴장감을 유지하려고 노력했다.

결과적으로 카카오톡, 인스타그램, 이프랜드 세가지 플랫폼을 동시에 이용할 수 밖에 없었다.

메타버스에서 함께 쓴다는 것
-소속감이된 온라인상태

우리가 모인 이유는 결과적으로는 책을 쓰기 위한 것이다. 책을 쓰는 것은 같이 할 수 없는 활동이기는 하지만, 함께 발 맞춰서 진행한다는 것은 도움이 된다. 사실 <90일 작가 프로젝트>를 시작할 때만 해도 연결이 주는 의미를 잘 알지 못했다. 이전의 세대는 소속감을 감정적으로 느꼈다면, 이제 소속감은 감정이라기보다 온라인으로 커뮤니티와 연결되어 있는 상태라고 볼 수 있다.

온라인 상태라는 것은 소속감이기도 하지만 스트레스의 요소 이기도 하다. 커뮤니티 운영자는 이것을 잘 이용해야 한다. 스트레스를 불편한 감정으로 여길 수 있지만 소속감과 함께 작용하는 스트레스는 목표에 대한 긴장감으로 볼 수도 있다. 카카오톡의 너무 많은 대화는 불편을 주기도 했지만, 연결의 힘은 목표 달성에 자극이 되었다.

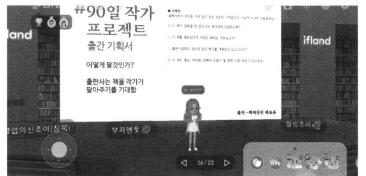

이프랜드에서 진행된 <90일 작가되기> 정기모임 출처: SK텔레콤 이프랜드

▲▼6-3. 연결로 완성하는 커뮤니티

▽ 정기모임 - 강의

정기적인 모임은 물론 책을 만드는 방법에 대한 강의 형식의 모임이었다. 총 16회차가 모두 이프랜드에서 진행되었다. 그중 1회는 출간기념회였다.

매주 수요일 아침 7시에 자가출판에 대한 강의를 진행했다. 책을 써야 하는 스케줄이나, 공유할만한 내용도 같이 다뤘다. 정기모임은 일반적인 온라인 강의처럼 진행되기는 했지만, 참여자들은 자유롭게 질의 응답이나 의견제시를 할 수 있었다. 정기모임은 우리가 가졌던 모임 중에서 가장 설명하기 쉬운 형태이다.

시각적으로 좁은 추상적인 강의실이라면, 이프랜드는 아바타가 실제 앞에 앉아있는 직관적인 강의실의 모습이다. 아마 강의 형태의 모임만 있었다면, 줌이 심플한 선택이었을지도 모른다. 회의가 아니라 강의라면 이프랜드가 더 유리했다. 이프랜드는 줌이 가진 기능은 기본적으로 다 가지고 있다. 줌으로 하는 강의는 참가자와 대면 하거나, 발표를 하거나 상호토론이 가능하다. 물론 이모지 기능도 있지만 이프랜드처럼 직관적인 리액션을 하기는 힘들다.

강의자가 발표하는 중에 박수를 치거나 다양한 이모지로 의사표현이 가능하다. 포인트를 이용한 후원을 할 수도 있다. 지금은 후원금, 포인트 제도가 시작 단계로 이프랜드 내의 경제시스템이 어떻게 구축될지 아직은 확실하지는 않다. 그러나 강의를 전문으로 하는 사람에게 이프랜드는 주목해야하는 플랫폼이 확실하다. 결국은 유료강좌도 메타버스 안으로 들어오게 될 것이기 때문이다.

Q&A, 수다모임

책을 쓴다는 것은 생각보다 사람을 설레게 하는 일이라서, 한순간에 모든 화제를 빨아들였다. 강의 모임 이후에 시간적 여유가 있을때나 자연스럽게 사람들이 모일 때, 이프랜드에서 모였다. 강의 모임과 달리 안부를 묻기도 하고, 전혀 상관없는 주제들을 이야기하기도 하는 자연스러운 친목 모임에 가까웠다.

강의는 발언자가 정해져 있었다면, 이런 시간에는 누구나 자연스럽게 이야기를 했다. 수다 사이사이 책쓰기에 대한 질의 응답이나 토의도 이뤄졌다. 이런 자연스러운 시간은 목적을 이루기 위해서 굳이 필요 없는 모임일 수 있다. 그러나 커뮤니티의 연결을 유지시켜 주는 중요한 모임이다.

이 모임이 특히나 메타버스의 강점을 잘 활용한 것이었다. 누군가 랜드를 열고 카카오톡에 링크 주소를 남긴다. 그러면 시간이 되는 사람이 편하게 오가면서 다양한 이야기를 나눈다. 랜드는 계속 유지되지만 사람들은 자신의 일정에 따라서 자유롭게 오가는 것이다.

책쓰기 후반이 될수록 자주 Q&A모임을 열었다. 내지편집이나 표지편집을 하면서 질문이 많아졌기 때문이다. 후반에는 랜드가 열려 있으면 용건이 없어도 들어와서 응원을 해주기도 하고, 책쓰기가 얼마나 진행되었는지 서로 묻기도 했다. 이런 일상적인 연결이 결국은 실용적인 연결로 자연스럽게 이어졌다. 책을 완성할 때 쯤에는 자연스럽게 거의 매일 만나는 사이가 되었다. 연결이 커뮤니티의 동력으로 작용했다. 게시판형 커뮤니티였다면, 이런 동시적 모임을 갖기는 어려웠을 것이다.

카페 ASMR 모임

초고를 완성할 때가 다가오자, 예상하지 못한 모임을 커뮤니티 참여자들이 열기 시작했다. 전혀 예고 없이 본인이 글을 쓰는 동안에 이프랜드에서 랜드를 열고 접속한 상태에서, 글을 쓰기 시작했다. 랜드 안에서는 카페의 소음과 키보드 소리만 조용히 울렸다.

결과만 놓고 본다면, 내가 글을 쓰는 동안 이프랜드에 접속해 있던 지, 오프라인으로 있던지 글을 쓰는데는 도움이 되지 않는다. 심지어 는 랜드를 열어 둔다면, 간간히 들어오는 사람들을 위해서 자신이 커 피숍에서 원고 마감을 위해서 글을 쓰고 있다는 사실을 설명해야 한 다.

왜 이토록 비합리적인 온라인 상태를 유지하는 것이 글쓰기에 도 움이 될까?
완벽하게 설명하기는 쉽지 않다. 그것은 어쩌면 앞에서 설명한 '온 라인 상태' 때문일 수도 있다. 혼자서는 이루기 힘들었던 일을 '온라 인의 압박감'을 이용해서 글을 쓰기 시작하는 것이다. 책쓰기 모임 사 람들과 연결 되어있는 압박감은 강제로 나를 글쓰기에 묶어두기도 하 는 것이다. 마치 학생들이 독서실에가서 공부하는 것 같은 효과다. 우 리는 한번도 만난적이 없는 모르는 사람들과 이렇게 연결해서 자아 실현을 하기 위해 노력했다. (메타버스에서 사람들은 뜻밖에 자아실현 욕구를 드러낸다고 앞에서 설명했다)
나는 이것을 메타버스 커뮤니티의 힘이라고 하겠다.

무음모임

　카페 ASMR 모임으로 시작된 메타버스 '온라인상태'는 무음 모임으로 확장되었다. 책 쓰는데 작은 소리로도 방해받고 싶지 않은 사람조차 '온라인상태'를 유지하는 것이 책을 쓰는데 도움이 되었던 것이다. 책쓰기를 위해 모인 사람들이 이프랜드 내에 랜드를 만들고, 주말을 희생해가면서, 아무 소리도 내지 않는다. 바꿔 말하면 아무것도 하지 않고 오로지 연결되어 있기 위해서 이프랜드에 접속했다.

　물론, 무음 모임에 접속한 사람들은 현실에서는 각자 글을 쓰고 있었을 것이다. 그러나 아무것도 하지 않기 위해 이프랜드에서 들어와서 함께 한다는 것은 메타버스 커뮤니티의 힘이 아니면 설명할 수가 없다. 무음 모임이야말로 온라인이 소속감이라는 증거로 생각될 수 있다.

　메타버스 커뮤니티의 운영자이거나, 실질적인 목표를 이루고 싶은 참여자라면, 이같은 모임의 특성을 잘 활용해야 한다.
　위에서 설명한 네가지의 모임이나 그 이상의 다양한 모임을 활용해서, 커뮤니티의 유대관계를 유지하고, 커뮤니티의 목적을 향해 나가야 한다.

이프랜드에서 진행된 <90일 작가되기> 의 일부 출처: SK텔레콤 이프랜드

▲▼6-4. 100% 온라인-메타버스 커뮤니티의 강점

이프랜드에서 커뮤니티를 만들어 책을 쓰는 것은 여러 가지로 유리했다. 시간이 절약된다, 공간적 제약이 없다는 것은 위에서도 언급했다. 이 두가지는 메타버스의 강점이다. 메타버스 커뮤니티의 강점은 무엇일까?

아바타로 대표되는 익명성

바로 아바타이다. 커뮤니티는 사람과의 관계가 핵심이다. 메타버스로 옮겨온 커뮤니티라고 하더라도, 우리의 욕망과 사회성을 그대로 가져온다.

그런데 메타버스라서 가져오기 어려운 특성이 있다. 아바타는 현실의 사용자의 욕망을 투영할 수는 있으나 현실적 특성을 가져오지 않는다. 특히나 시각으로 인식할 수 있는 정보를 차단한다. 우리는 아바타는 알지만 그 사람의 시각적 정보인 '외모'는 알 수 없다. 외모는 나이, 표정, 옷차림으로 일차적으로 판단하게 되고, 직감만으로 호감과 비호감을 가르는 기준이 되기도 한다.

만약 장애나 초고도 비만 등 외모적으로 판단되기 때문에 오프라인 커뮤니티 활동이 불편했다면, 메타버스 커뮤니티에서는 외적 요소로 차별받을 일은 없다.

아바타는 외모만 가리는 것은 아니다. 메타버스의 익명성은 기존 온라인의 익명성과는 성격이 다르다. 기존의 온라인 환경에서 드러나는 것은 아이디 뿐이기 때문에 익명성에 숨어 거침없는 악플을 쏟아내기도 한다.

메타버스의 익명성은 개인정보를 드러내지 않지만, 사람과의 교류를 통해서 개인의 성격이나 말투는 드러난다. 정체성은 나이지만, 사회적으로 규정된 나를 내려놓고, 관심사가 같은 사람들끼리 모이게 되는 것이다. 흡사 어린 시절로 돌아간 것처럼 조건 없는 동호회가 가능한 곳이 메타버스 커뮤니티이다. 실제로도 메타버스 커뮤니티 참여자가 현실 친구와의 모임과 비교해서, 아이 이야기, 사업 이야기, 부동산 이야기 대신에 생산적인 활동을 할 수 있는 측면이 있다. 관계가 너무

깊지 않은 메타버스 커뮤니티에서의 활동이 마음이 편리한 면이 있다고 이야기하기도 한다.

▽ 시간,비용절감

현실적으로는 메타버스는 시간, 공간이용에 따른 비용이 절감된다. 오프라인 커뮤니티는 만나기 위한 시간과 공간에 대한 비용이 든다. 온라인 커뮤니티는 속 시원한 소통이 어렵다. 결국 만남을 예약하게 된다.

메타버스 커뮤니티는 만남을 준비하는 시간과 거리의 제약을 뛰어넘어서 시간적 측면에서도 활용성이 매우 높다. 앞에서 설명한 메타버스의 특성을 참조하면 된다.

▲▼6-5. 100% 온라인 - 메타버스 커뮤니티의 맹점

이는 메타버스 뿐만아니라 모든 커뮤니티가 겪는 맹점이라고 할 수 있을 것이다.

약한 결속력을 가진 많은 인원의 커뮤니티의 경우는 방관하는 참여자가 필연적으로 생길 수 밖에 없다. <90일 작가 프로젝트>의 경우는 '강의 + 여러 가지 다양한 형태의 모임'이 병행되었는데, 특히 강의 참여는 하지만 내용을 듣지 않는 경우가 생긴다. 결국 집중력이 오프라인 커뮤니티에 비해 부족하다. 때문에 많은 온라인 커뮤니티에서 챌린지를 기획하거나, 서약서를 받는등 커뮤니티의 집중력을 이어가는 노력을 하고 있다.

커뮤니티의 집중력과 성과를 위해서 워크시트를 도입해서 출석체크를 하는 등 가시적인 목표를 만들어 가는 것이 중요한 이유이다.

<90일 작가 프로젝트>도 작성한 분량을 인스타에 인증하는 것을 진행했다. 사실 어떤 족쇄도 동기부여보다 더 강력할 수는 없다. 커뮤니티의 결속을 강화하는 것은 결국 동기 부여의 문제이기도 했다. 커뮤니티의 성격에 따라 다르기는 하지만 100% 온라인 커뮤니티는 항상 어려움을 겪는다. 오프라인 커뮤니티도 당연히 어려움을 겪는데 당연하다.

쉬운 접근은 쉬운 이탈을 만들기도 한다. 연결을 유지하는데 메타버스든 온라인이든, 신경을 써야 한다.

◢▼6-6. 90일 작가 프로젝트의 탄생

이제부터는 메타버스에 대한 설명을 좀 내려놓고, <90일 작가 프로젝트>에 대해서 설명하려고 한다. <90일 작가 프로젝트>의 기록이 메타버스에서 일어나는 현재의 기록이기 때문이다.

언젠가 책을 쓸 것이라고 생각했고, 다행히 시각디자인을 전공한 나에게는 책을 만드는 방법은 어렵지 않았다. 책을 쓰는 것이 어려운 것을 알고, 나태한 마음과 먹고살아야 하는 현생 사이에서 시간을 내는 것이 어려운 것을 알았다. 그래서 나를 감시할 눈, 응원할 친구를 찾기로 했다.

오프라인에서 함께 주기적으로 만나 책을 쓰는 것은 현실적으로 불가능해 보였다. 내가 살고 있는 곳은 제주도에서도 시골 지역이다. 시골에서는 같은 취미를 가진 사람끼리 동호회를 만드는데 시간이나 노력이 더 많이 걸린다. 필자는 이프랜드 인플루언서로 활동 중이었는데, 온라인에서 커뮤니티로 함께 책쓰는 모임을 갖는다면 서로 응원도 하고 감시도 하면서 책을 쓸수 있을 것 같았다.

그렇게 탄생한 것이 <90일 작가 프로젝트> 이다.

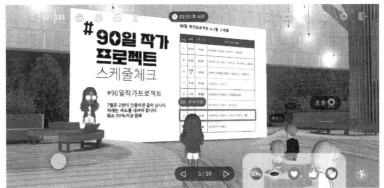

이프랜드에서 진행된 <90일 작가 되기> 출처: SK텔레콤 이프랜드

▲▼6-7. 90일 작가 프로젝트의 시작 -설명회

    <90일 작가 프로젝트>의 시작은 두 번의 설명회로 시작 되었다. 설명회는 커뮤니티 참여자를 모집하는 과정으로 커뮤니티의 목적과 방법 기간등을 설명했다. 1기 <90일 작가 프로젝트>의 목표인 1인 책 한권을 쓰는 목표 외에는 커뮤니티의 운영이나 방법을 구체적으로 알지 못하고 시작했다.

    나의 경험 부족을 알리고, 시행착오가 있을 것을 미리 고지했다. 목표는 5명이 함께 책을 쓰는 것이었다. 시작부터 많은 사람과 함께 하기를 기대하기보다는 소규모로 목표에 도달하는 과정을 경험해 보는 것이 중요하다고 생각했다.

커뮤니티의 가장 큰 유대감은 성과에 있다. 성과에 도달하도록 하는 것 그것이 커뮤니티의 성패를 좌우한다. 특히 메타버스 커뮤니티의 경우 서로 개인적인 관계가 전혀 없기 때문에, 성과를 이루지 못하면 이탈자가 생길 수 밖에 없다. 설명회를 통해서, 앞으로의 계획과 목표를 설명했고, 주 운영자가 될 나에 대해서도 설명했다. 아무것도 모른 채 모르는 사람끼리 모인 우리는 이렇게 시작했다.

시작은 5명을 훌쩍 넘긴 15명을 넘겨 시작했고, 프로젝트가 끝났을 때 25명의 참여자가 있었다.

▲▼6-8. 책쓰기에 적절한 커뮤니티의 규모

일반적으로 책쓰기 커뮤니티의 경우는 소규모인 경우가 많다. 자가 출판의 경우는 편집 디자인을 배워야 하기 때문에, 10명 내외 일경우가 많다.

100% 온라인 모임이라면 좀더 규모가 큰 것이 좋다. <90일 작가 프로젝트>는 항상 20명 내외의 인원이 유지되었고, 끝날 때는 오히려 인원이 늘어나 25명으로 마무리 했다. 온라인 모임은 관계가 오프라인보다 더 느슨해서 중도 포기자가 발생할 수 있기 때문이다. 10명 정도의 모임을 유지하다가 2-3명이 중도 포기하게 된다면, 커뮤니티 전체가 와해될 수 있다

커뮤니티의 규모는 리더의 성격이나 구성원의 성격에 따라서 달라질 수 있다. 끈끈하고 사적인 관계를 원하는 사람도 있을 수 있고, 느슨하고 공식적인 관계를 원하는 사람도 있을 수 있다. 어떤 것이 정답이라고는 할 수 없다.

나는 후자의 커뮤니티를 꾸려가는 사람이다. 목적에 충실하면서, 커뮤니티 구성원들 사이의 트러블이 생기는 것을 꺼리기 때문이다. 너무 밀접한 관계는 커뮤니티를 유지하는 데는 꼭 도움이 된다고 할 수 없다.

물론 커뮤니티의 성격에 따라서 규모는 달라질 수 있지만, 온라인 커뮤니티의 경우는 인원이 많아지는 것이 궁극적인 목표일 것이다.

인원이 많아지더라도 적절한 규모로 쪼개어서 느슨한 관계 정도는 유지해야 한다. 커뮤니티는 적절한 접착력을 유지하는 것이 관건이라서, 관계라는 접착력이 유지되지 않으면, 외곽부터 서서히 떨어져 나가게된다.

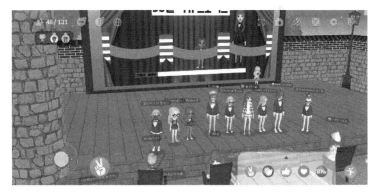

이프랜드에서 진행된 <90일 작가 되기>출간 기념회 출처: SK텔레콤 이프랜드

◢◤6-9. 출간 기념회

총 15회의 책만들기 강의, 매주 반복되는 인스타그램 분량 인증을 이어갔다. 수없이 열린 함께 쓰는 모임, 편집 및 마무리를 위해서 수시로 열린 모임을 계속한 끝에 총 9권의 책이 세상으로 나왔다. 이제 막 시작된 메타버스를 활용해서 현실적 목적을 이룬 사람들이다. 마무리도 메타버스에서 하기로 결정하고 출간기념회를 기획했다.

<90일 작가 프로젝트>에 함께한 모든 사람들과 이프랜드의 사용자 모두를 초대하고, 오프라인 출간기념회를 하듯이 출간기념회 포스터를 제작했다. 축하 공연, 퀴즈, 책 소개, 짧은 작가와의 만남을 기획했고, 1부와 2부로 나눠서 진행했다.

메타버스 안에서 모여서 책을 쓰고, 출간기념회를 했지만, 책은 현실의 서점인 교보문고나 예스24등을 통해서 매우 현실적인 루트로 판매되게 되었다. 메타버스는 <90일 작가 프로젝트>에서 확장된 현실이 되었다.

우리는 출간 기념회의 제목을 '메타버스에서 꿈을 이룬 사람들"로 정했다. 메타버스는 참여자에게 확장된 현실이면서, 자아실현의 장이고, 새로운 기회와 교육의 장이었다. 동시에 우리는 메타버스의 미래도 확장했다. 메타버스에서 현실의 변화를 만들 수 있고, 의미있는 활동을 할 수 있는 것을 증명했다. 메타버스안에서 상징이 되는 거뮤니티의 행사를 기획 할 수 있다는 모든 것을 증명해 나갔다.

우리에게 메타버스는 더 이상 가상의 세계가 아니었다.

<90일 작가 되기>출간 기념회에서 초대가수가 노래하고 있다.

출처: SK텔레콤 이프랜드

사회자가 무대에 서서 출간기념회가 시작 되었고, 출간기념회 랜드의 장소는 아바타들로 가득 찼다. 한쪽에서는 동영상을 촬영하고, 마치 실제 장소를 빌려서 행사를 하듯이 진행되었다. 현실의 행사와 다른 점이 있다면, 장소와 시간에 구애받지 않아서, 많은 사람들이 편하게 동참할 수 있는 동안만 참여하다가 편리하게 나가기도 했다. 열린 공연 그 자체였다. 자유롭게 관객이 드나들어도 행사를 진행 하는데 방해 요소가 전혀 없었다. 관객을 잡아둔 것이 아니고, 장소를 빌린 것이 아니라서 우리는 원하는 만큼 충분히 출간기념회를 진행했다. 장장 4시간 가량 진행 되었다.

90일간의 책쓰기 커뮤니티를 무사히 끝낸 필자는 홀가분한 기분으로 핸드폰만 들고 바닷가에서 출간기념회에 동참했고, 다른 사람들도 각자 전국 다 다른 곳에서 함께 했다. 메타버스는 장소의 비용의 한계를 넘어서 자유롭게 커뮤니티 활동을 할 수 있음을 이날 증명 했다. 출간기념회에서는 후원도 받았는데, 책을 내신 작가분들을 축하해 주는 의미로 후원을 받고, 이 금액을 기부했다. 이날 행사 후원금 + 작가님들의 자발적 후원금을 합해서 상당한 금액의 기부금을 후원단체에 기부했다.

<90일 작가 되기>출간 기념회에서는 응원의 의미로 후원 해주시는 분이 많았다.
출처: SK텔레콤 이프랜드

1기 <90일 작가 프로젝트>는 이렇게 막을 내렸다.

메타버스는 이미 온 미래이다. <90일 작가 프로젝트>에 함께한 분들은 메타버스의 현재를 이용하면서 메타버스의 미래는 커뮤니티에 있음을 입증했다. 아직 메타버스는 주춧돌만 겨우 놓인 상태이고, 근사한 VR 그래픽을 상상한 사람들에게는 실망스러울 수도 있다.

한쪽에서는 메타버스가 과대포장 되었다고 말하는 사람들도 있다. 그러나 어떠한 기술이나 진보의 중심에는 사람이 있고, 많은 수의 사람들이 함께할 때 그 기술은 표준이 된다. 이 간단한 사실을 잊지 않는다면, 메타버스는 기술의 문제가 아니고 커뮤니티에서 답을 찾을 수 있는 것을 알게 될 것이다.

우리가 이룬 것만큼, 이루지 못한 것도 자랑스럽습니다.

-스티브 잡스-

이 세상에 위대한 사람은 없다. 단지 평범한 사람들이 일어나
맞서는 위대한 도전이 있을 뿐이다.

-윌리엄 프레데릭 홀시-

불가능이 무엇인가는 말하기 어렵다.
어제의 꿈은 오늘의 희망이며 내일의 현실이기 때문이다.

-로버트 고다드-

우연이 아닌 선택이 운명을 결정한다.

-진 니데치-

메타버스에서
꿈을 이룬 사람들

프로 한달 여행러의: 진주 살아보기

김지혜(올레비엔)

프로한달여행러의
:진주살아보기 /김지혜(올레비엔)

김지혜 저 (유페이퍼 / 부크크)

📖 왜 책을 쓰고 싶었나?

언제가 될지는 몰랐지만, 확신이 있었다. 언젠가 내 책을 쓸 날이 올 것이라고, 어릴 때부터 대책 없이 확신했다. 예전에는 책을 내는 것은 보통 사람에게는 쉬운 일은 아니었다. 유명하거나, 성공하거나 둘다여야 했는데, 의심하지 않았다. 당연히 올 운명처럼 여겼다. 어느 정도 책을 쓰는 것이 현실적으로 어렵다는 것을 알게 되었을 때도, 책에 대한 열망이 강해서인지 언젠가 책을 쓰게 될 것을 의심하지는 않았다. 자연스럽게 일을 하면서 사느라. 책 쓰는 것은 관심 밖으로 멀어지고 그때그때 해야 할 일 들을 하면서 살아왔다.

2000년 중반쯤 부터는 전자책을 쓰는 방법이 어렵지 않다는 것을 알고는 있었지만 책을 쓸 생각을 못 하고 나이만 먹었다.

지난해 내가 살고 싶은 인생을 살아보자며, 하던 일도 그만두고 전업으로 글쓰기를 시작 할 때 조차도 책을 쓸 생각은 없었다. 그때 그때 돈이 되는 글쓰기를 마감하기에 급급했다.

그러다가 우연한 기회에 지자체에서 지원금을 주는 여행을 시작했다. 이 '입금될 여행'을 위해서 이것저것 묻고 다니는 나에게 사람들은 여행 작가냐고 자꾸 묻는다.

여행 블로거고, 지원금을 받아서, 나중에 글을 올려야 하고...... 설명을 하는 사이에 듣는 사람은 이제 더 이상 궁금해 하지 않는다. 설명하는 나도 구차해져서 빨리 여행 작가가 되어야겠다고 마음먹었다.

책을 쓰기 시작할 때만 하더라도, 글쓰기에 대한 열정 같은 것은 다 잊었었다. 현실적 타이틀 '작가'라는 이름이 필요했다. 어차피 내가 쓴 글 따위 읽어줄 사람도 없을 것 같았다. 책을 쓰기 시작했을 뿐인데, 혼자 쓰면 마감이 없을까 두려워 소문낸 책 쓰기가, 나와 지켜보는 사람들의 가슴을 뛰게 만들었다.

더 이상 가슴뛰는 일 같은 것은 없을 것 같았던 삶에서, 어릴적 세상을 바꾸고 싶던 열정, 세상을 향해 외치고 싶던 마음이 되살아났다.

건조한 마음으로 영수증을 정리하듯 시작한 책쓰기는 나를 내 인생의 또 다른 장으로 이끌었다. 언젠가는 설명할 기회가 있을지도 모르겠지만, 일련의 사건들은 도미노처럼, 나를 여기까지 이끌었다. 그렇게 잊었던 책 앞으로 돌아왔다.

나에게 책은 운명이고 현실이자 꿈이었다.

📖 작가가 되는 것이 꿈이었나요?

사람들이 생각하는 유명해지거나, 성공한 사람이 되어서 쓰는 책은 내 꿈이 아니었다.

내가 꿈꾼 책은 존재의 증명이자, 인생의 완결의 단계에서 나를 기록하는 것이 꿈이었다. 책은 수단일 뿐이었다. 그래서 책을 쓰는 것 자체가 꿈이었다고 할 수는 없을 것 같고, 책을 통해서 나의 내면을 다운로드하고 싶은 욕망이 있었다.

고뇌하는 존재로 살아간다는 것, 욕망하는 존재로 살아간다는 것을, 매 순간 아름답고 고통스럽게 느끼는 삶 자체를, 살아있다는 것을 기록하고 싶었다.

쉽게 설명하자면, 책은 내 영생의 수단이다. 이렇게 느낄 만큼 책을 절대적으로 사랑한다. 어릴 때 간혹 존재와 무를 상상하고는 했다.

우리에게 허락된 시간이 끝났을 때, 존재는 어떻게 증명할 것인가가 항상 의문이었다. 영화나 소설에서 존재하는 마음속에 살아있다느니, 기억으로 남아있다는 말을 믿을 수 없었다. 눈을 감고 상상하는 '존재 없음'은 어둠과 고요조차도 없는 것이었으니까. 결국은 우리는 빛도 어둠도 아닌, 고요도 혼돈도 아닌 무라고도 표현할 수 없는 아무것도 아닌 것이 되는 상상을 했다.

아무것도 아닌 것이 되는 순간, 나는 과거도 아니고 기억도 아니다. 두려움이나 공포조차 느낄 수 없다는 두려움은 세상 그 무엇과도 비교될 수 없는 감각이었다. 이해할 수 없는 끝없는 나락을 향한 느낄 수 없는 공포. 그 필멸의 존재의 두려움을 공기의 냄새처럼 항상 느낄 수 있는 감각을 타고 났다. 반면에 나는 조증에 걸린 사람처럼 세상의 모든 부분과 순간이 아름다워 보이는 축복을 받았다. 내가 만나는 순간의 모든 것이 너무 아름답고 신비로워서 신과 대화를 나누는 듯했다.

이런 세상을 나만 알 리가 없는데, 아무도 소리내서 말하지 않는 세상이 이상했다. 존재하는 나 자신과 이 세상을 멈춰서 담을 수 있는 그릇이 나에게는 책이었다.

모든 순간과 사고와 존재를 박제할 수 있는 수단인데 어떻게 사랑하지 않을 수 있을까.

📖 책을 쓰고 나서, 달라진 점이 있나요?

책을 사랑하지만, 급하게 현실적인 이유로 쓴 첫 책은 부끄럽기 짝이 없다. 책을 쓰기 전의 나와 책을 완성한 뒤의 나는 완전히 같은 사람이다. 책을 쓰기 전부터 자가출판하는 책 한 권을 낸다고 달라지는 점이 있을까 싶었다.

책은 생각보다 기회를 많이 만든다.

일단은 "여행작가냐"는 물음에 "네" 한마디로 나를 설명할 수 있게 되었다. 내가 여행작가가 되었는데, 신기하게도 여행 중에 우연히 만난 사람들이 더 행복해졌다. 어떤 책을 썼는지 물어보는 사람은 별로 없다. 작가인지, 아닌지가 중요하다. 여행 작가가 되고 나서는 여행길에 더 많은 간식을 얻어 먹었다. 어르신들은 붙잡고 이야기나 하자는 분들이 더 많이 생겼다.

유명작가가 아니라서 죄송하지만, 작가는 나를 쉽게 설명하고, 사람들에게 예쁨 받을 수 있는 자격이었다.

📖 책을 쓰고 나서, 달라진 점이 있나요?

내가 얼마나 무모한 도전을 했는지를 알게 되었다. 책을 쓰는 것은 마치 결혼과 같다. 자신만만하게 덤볐는데, 아무것도 몰랐다는 것을 깨닫는 것. 완벽하게 준비될 때까지 기다리면 절대 시작할 수 없는 것이다. 책쓰기는 생각보다 감정적이고, 체력도 필요하고, 이성적으로 따져야 하는 어려운 것이었다.

나는 좋은 책을 써내기를 애초에 기대하지 않았다. 적당히 내가 할 수 있는 만큼만 완성하려고 했다. 실제로도 누가 봐도 부실하게 완성되었다. 그런데도 책을 쓰는 여정은 나를 바꿔놓았다. 책쓰기는 완성을 목표로 달려가지만, 정답은 과정에 있었다는 것을 깨닫는다.

책을 쓰는 것만큼 나의 현재를 잘 파악하는 일도 없다고 생각이 된다. 나의 부족함, 강점, 지나온 시간을 그 짧은 책을 쓰는 동안 다 경험했다. 책을 쓰는 것은 스스로에게 친구가 되는 과정처럼 느껴졌다. 그 경험은 내 마음을 잘 알아주는 친구와의 대화 같다. 책을 쓰는 동안 나는, 나와 단둘이서 울고, 웃고, 칭찬과 위로도 건넨다. 한번 이 경험을 하고 나면, 평생 책을 쓰는 것을 멈출 수 없을 것이다. 앞으로도 계속 책을 쓰게 될 것 같다.

📖 책을 쓰는 과정에서 어떤점이 가장 어려웠나요?

모든 과정이 어려웠다. 경험이 없다는 것은 일의 진행을 느리게 만들고, 길을 잃게 만든다. 그러다보니 의욕도 없어지고, 집중하기도 힘들었다. 매 단계, 목차를 쓰는 것이나, 나를 소개하는 작가소개, 다른 사람을 위한 추천사를 쓰는 것이나 모든 것이 어려웠다. 어렵지 않은 단계가 없었다.

그래도 가장 어려웠던 점은 오만한 내 마음을 내려놓는 것이었다. 아무리 아니라고 부정해도, 뭔가 근사한 글을 쓰고 싶은 마음을 내려 놓기가 어려웠다. 글은 멋있게 쓰는 것이 아닌데도, 나에 대한 기대인지, 사람들 앞에 자랑하고 싶은 마음인지, 자꾸 나를 속이려 들었다. 글을 쓰는 내내 나와 계속 싸워야 했다.

좋은 글을 쓰고 싶은 욕심이 아니더라도, 내 진짜 마음을 아는 것도 어려웠다. 진짜 내 마음으로 생각되던 것들도, 숨겨진 진짜 욕망들이 있는 경우가 많았다. 이번 책을 쓰면서 스스로에게도 솔직하기가 이렇게나 힘든 것임을 깨달았다.

📖 작가님 책만의 장점은 무엇인가요?

[프로 한달 여행러의 진주 살아보기]는 일주일간의 국내 여행기이다. 블로그에 연재한 것을 가져온 것이다. 그래서 여행기이면서 여행지에 대한 정보도 담았다. 여행은 생각보다 공부할 것이 많다. 위치 파악도 해야 하고, 숙소도 정해야 하고, 동선도 이해해야 한다. 결국은

그 지역을 이해해야 여행 계획이 나온다. 내 책은 가이드 북은 아닌데, 따라서 여행해봐도 괜찮다.

여행은 불확실성에 나를 맡겨야 재밌어지는 것인 만큼 훌쩍 떠날 때 빈틈 많은 진주 살아보기를 들고 떠나서 운명에 맡기라고 추천한다. 여행은 내가 정하는 대로 되는 일이 없을 때 비로소 보인다.

여행에서 우연이 운명이 되는 과정을 책 안에 많이 담으려고 노력했다.

첫 책을 쓰는 사람이 있다면 [프로 한달 여행러의 진주 살아보기]를 꼭 사서 보기를 추천한다. 책을 쓰다가 용기를 잃을 때마다 내 책을 펼쳐서 동력을 얻기 바란다.

첫 책은 그런 것이다.

📖 지금 당신은 작가입니까?

내가 가진 어떤 것보다도 작가다운 작가가 되고 싶었다. 반드시 작가여야만 하는 이유도 있다. 아직은 모든 것이 선명하지는 않다. 작가이길 갈망하는 이유도 아직은 내놓기 어렵다.

부자마인드

김하경(부자멘토)

부자마인드 /김하경(부자멘토)

김하경 저 (유페이퍼 / 부크크)

📖 왜 책을 쓰고 싶었나?

몇 년 전까지만 해도 우울함을 벗을 수 없는 성인이였습니다. 우울함도 선택이였다는 것을 알게 되어, 우울함 대신 행복을 선택하기로 결심했습니다. 그리고 좋아하고 잘하는 게 무엇인지를 찾기 시작했습니다. 그 중의 글쓰기는 (비록), 챙피한 글 일지라도 쓰는 과정에서 내면의 치유가 되는 과정임을 알게 되었습니다. 그래서, 자신을 찾아가는 과정의 글을 쓰고 싶어졌고, 기록하고 싶고, 하고 싶은 일이 되었습니다.

📖 작가가 되는 것이 꿈이었나요?

"네. 꿈이였다는 걸 알게 되었습니다."

돈!! 그 자체가 없어, 매번 준비물을 챙기지 못하는 문제 아이였습니다. 준비물 살 금액을 부모님께 말씀조차 드릴 수 없는 태어나서는 안되는 아이였습니다. 선생님께 돈이 없어서였다고 그 어린 나이에도 말하고 싶지 않았나봅니다. 온갖 창의적인 핑계를 대며, 세상의 손가락질을 받기 시작했습니다. 나의 잘못이 아님에도 세상의 잘못은 내가 저지른 마냥, 속죄 하듯이 살고 있었습니다. 당연히 좋아하는 것은 사치 그 자체였습니다. 그냥... 혼자있는게 편했을 뿐입니다. 책상에 앉아 그적그적 낙서를 하던 것이 전부였습니다. 사소한 준비물 하나 챙기는 평범한 아이들이 부러웠습니다. 그런데 낙서를 하는 순간만큼은 행복했습니다. 상상만큼은 돈이 들지 않았습니다. 자유로 왔습니다. 원하는 대로 생각을 할 수가 있었습니다. 그러자 문뜩 떠 올랐습니다.

"작가가 되어 볼까?"

가여운 어린 시절의 꿈이 아주 오랜 세월이 흘러서야 깨달았습니다. 이제는 한 아이의 슬픔을 위로하듯 멋진 작가가 되는 것이 제가 가야 하는 길이자 저의 꿈입니다.

📖 책을 쓰고 나서, 달라진 점이 있나요?

초보작가이자, 마케팅이 뭔지 모르는 사람이라면, 책을 쓰고 나서 달라지는 점은 단 하나도 없을 것입니다. 그것은 연말에 하루만 지나면, 새해가 되듯이 책을 쓰고 나면 큰일이 날 듯 호들갑 떨어보지만, 하루가 지난 새해는, 어제와 같은 하루의 연장입니다. 다만, 약속을 지킨 자신에게 뿌듯함을 선물합니다. 마감의 부담을 벗어난 시간의 자유는 마라탕에 비교할 수도 없을 만큼, 매콤하며 속시원하다 못해, 아주 후련합니다. 그 맛을 봤다고 해서 세상은 달라지지 않습니다. 그저 어제와 똑같은 식사 메뉴 중 하나입니다. 허나, 달라진 점이 있다면, 스스로가 세상을 바라보는 시선이 달라졌습니다. 시선의 변화는 세상을 소재로 만드는 기술의 향상입니다.

첫 책을 낼 때는 자신이라는 벽에서 나올 수가 없었습니다. 마무리를 하고 보니, 쓰고 싶은 글이 많아졌습니다. 세상이라는 소재를 찾기 위해 훨훨 날아봅니다. 이 말은 어떠한 시련이 와도 이겨낼 힘을 갖게 된 것 같습니다. 이젠 시련을 시련으로 보지 않습니다. 다만, 시련을 드라마 속의 주인공처럼 어떻게 풀어 나갈지 시나리오를 써봅니다. 작가의 의도처럼, 결말은 스스로 정하는 것입니다. 이렇게 세상 속에 묻혀진 아무도 안보는 소박한 한권의 책은 이런 선물을 주었습니다.

힘든 일이 생기면 짜증냈지만, 이젠 아이디어가 샘 솟습니다.

그건 아마도, 슬픈 눈을 가진 어린시절의 자아가 저에게 주는 선물입니다. 이젠 슬픈 눈의 아이에게 말해주고 싶습니다. 너의 잘못이 아니었다고 위로해 주고 싶습니다. 이젠 스스로에게 집중하며, 위로하고 싶습니다. 책을 쓰고 나서 자신을 위로하는 힘이 커지게 되었고, 목표 설정이 좀 더 명확해졌습니다. 이 말은 인생을 챕터별로 정리할 수가 있게 되었다는 것입니다. 마치 목차를 써내려 가듯이 말이지요. 결국 책을 만드는 과정은 자아가 커지는 현장을 목격한다고 말씀 드리고 싶습니다. 짧은 글일지라도 글쓰기는 쉽지 않았습니다. 그 과정을 누구보다 제가 똑똑히 봤으니까요. 어려운 일을 해낸, 자신을 칭찬해봅니다. 그러자 자신을 신뢰할 수 있는 믿음은 저절로 생기게 됩니다. 그리고 세상살이에 대한 또 다른 깨달음도 얻었습니다.

"때가 되면 놓을 줄도 알아야 합니다."

이건 연인관계에 해당 되는 이야기인 줄 알았습니다. 엇갈린 마음을 알고 있으면서도 잡고 있는 상처 깊은 그들의 이야기인 줄 알았습니다. 그런데 책을 마무리하는 과정도 사랑하는 연인을 떠나 보내야하는 준비가 안된, 미련 가득한 연인 같았습니다. 아니 어쩌면 벼랑 끝에서 밀어야 하는 어미새와 같은 마음이 아닐까 합니다. 세상이 무서운 아기새를, 벌벌떠는 것을 알면서도 과감히 밀어야 하는 어미새처럼 말입니다. 그 가여운 아기새는 추락하여 죽거나, 하늘을 훨훨 날거나 둘 중의 하나입니다.

저의 책은 추락하는 중입니다. 하지만, 날개에 들어가는 힘이 점점 커집니다. 아직도 추락하는 중이지만 바닥에 닿지는 않았습니다. 그저 운명처럼 날개짓을 힘차게 해봅니다. 아직 버겁지만, 계속해 봅니다. 비상을 할 마음의 준비도 아직 안 되었지만, 계속 멈추지 않습니다. 그리고 마음을 다잡아 봅니다. 저는 하루를 겨우 살아내고 있지만, 세상은 이런 저의 날개짓엔 관심이 없습니다. 결국 세상은 비상하는 멋진 새에게 감탄 할 뿐입니다.

아직 날개짓이 미숙한 저의 책은 초라한 데뷔였다 해도 많이 달라질 것 같습니다. 이 말은 잘 쓴 글을 세상에 보내는 건 누구나 할 수 있습니다. 잘했다고 세상에 외치기도 쉽습니다. 그러나 부족함을 알고도 세상에 나갈 용기, 세상과 맞설 용기는 아무나 갖지 못합니다. 덜덜덜... 손이 떨렸지만, 저는 결국 해 냈습니다. 이것이 차기작을 써야 하는 이유입니다. 작가의 길을 계속 걸어가고자 하는 목표가 있었기에 용기를 낼 수 있다고 생각합니다. 어제와 오늘은 세상이라는 하루의 연장선에 있지만, 자신에 대한 믿음과 신뢰가 커져 그 어떤 문제든 해 낼 수 있다는 용기가 생겼습니다. 이게 바로 책을 만들어낸 작가라는 이름의 선물이라고 생각합니다. 저는 그 선물을 받았을 뿐입니다.

📖 책을 쓰는 과정에서 어떤점이 가장 어려웠나요?

'1년 전에 초고를 완성했음에도 불구하고....,

책을 써야 한다는 숙제를 지니고 있음에도 불구하고.....,'

책을 쓰는 현실은 매우 어려웠습니다. 즉, 생각을 글로 옮기는 작업이라고 단순하게 생각했습니다. 그게 착오라는 걸 깨달기까지 하루면 됩니다. 아니 1시간이면 바로 느낄 수 있습니다. 요즘은 기술의 개발로 책 쓰는 방법이 다양해졌지만, 손가락의 미세함을 느껴야지만 글을 쓸 수 있는 고지식한 저는 어려웠습니다. 글은 기록이지만, 생각은 휘발성입니다. 3초 전에 했던 생각도 글로 옮겨지는 과정에서 한숨과 함께 사라졌으니까요.

반대로 수 많은 생각을 글로 작성하고도 과감히 버려야 했습니다. 이때는 장인이 도자기를 깨듯, 저의 글을 과감히 삭제해야 했습니다. 심장이 쪼그라드는 느낌이 들기도 했습니다. 글을 쓰기위해 고민했던 순간, 작업 시간들이 쓸모없이 버려졌기 때문입니다. 그건 마치 스스로가 세상에서 쓸모 없는 사람임을 증명해주는 과정과도 같았습니다. 이런 경험을 수없이 많이 했습니다. 이 순간만큼은 초보작가인 저에겐 고통스럽고, 포기하고 싶은 욕구가 강해지는 순간이었습니다.

허나 그 순간들이 있기에, 그 경험을 해봤기에, 베스트셀러라는 작가를 꿈 꿔 봅니다. 버려지는 과정에서, 쏟아부은 노력들이 한순간에 사라지지만, **명인이 과감하게 도자기를 깨는 진정한 이유는 더 좋은 작품을 만들 수 있다는 확신 때문입니다.** 만약 더 좋은 작품을 만들 수 있다는 확신이 없다면, 여러분들은 그 도자기를 과감히 깰 수가 있을까요? 도자기를 세상에 내 놓는것도, 과감히 깨는 것도 바로 명인! 자신의 선택입니다. 그 과정을 걸어가기에 저의 미래는 베스트셀러 작가입니다.

📖 책을 쓰기 전 과정을 통해서 예상하지 못했던 일?
책 쓰는 과정에서 가장 어려운 점은 탈고라고 했습니다.

알고 시작했지만, 막상 진행을 해보니 이해가 되더군요. 역시 체험은 다른 영역입니다. 현실로 느끼는 고통은 이루 말로 할 수 없었습니다. 즉, 생각과 실천은 다르다는 이야기를 하고 싶습니다. 상상속의 고통은 아픔을 주지 않지만, 실천속의 고통은 일상에 지장을 줄 정도의 아픔을 주었습니다. 이걸 무시할 수 있는 건, 작가가 되고자하는 의지와 목표설정의 명확성만이 그것을 해결한다고 말씀드리고 싶습니다.

결국 저 역시도, 탈고가 어렵다는 말씀을 드리며, 자신의 비참함위로해 줄 시간적 여유를 충분히 확보했으면 하는 바램을 적어봅니다. 그리고 말씀드리고 싶습니다. 고통의 시간이 클수록 작품 풍미는 일품입니다. 여러분들은 장인의 정신으로 만들고 싶은 작품은 무엇입니까?

📖 작가님 책만의 장점은 무엇인가요?

책 제목은 부자마인드입니다.

부자가 되는 싶다면 마음의 그릇부터 넓혀야 합니다. 그릇이 넓어지면 이젠 돈을 담기만 하면 됩니다. 써도 써도 담을 그릇이 크기에 계속 담을 수도 있습니다. 그릇이 작으면 스쳐 지나가는 돈을 보며 타인을 부러워 할 뿐 인생의 주인공이 되지 못합니다.

준비물도 사지 못하는 어린시절의 '돈'이라는 이름은 원수처럼 원망의 대상이였습니다. 그래서 원수의 이름을 하늘에서 뿌려도 아깝지 않을 만큼 부자가 되고 싶었습니다. 돈을 하늘에 던지며, 그동안의 고생을 위로 받고 싶었습니다.

그러나 통장의 잔고가 쌓이는 만큼, 모든 일이 뜻대로 되지 않았습니다. 그리고 깨닫게 되었습니다. 진짜 부자는 돈과 함께 행복도 놓치지 않는다는 것을 말이지요. 그렇다면 돈도 많고, 행복도 놓치지 않으려면 어떻게 해야 할까요? 그것 또한 공부를 해야 합니다.

세상을 살아가면서 행복하게 살아가는게 몸에 배여있다면, 과감히 마인드 공부는 패스하셔도 됩니다. 허나, 힘든 삶 속에서 마지못해 살아간다면, 마음공부는 반드시 하셔야 합니다. 하루에도 열두번 흔들리는 마음을 붙잡고, 쿨한척, 아무일도 아닌척, 멋져보이게 행동을 하지만, 바보같은 마음은 나를 가시덩쿨로 보냅니다. 그리고 가시덩쿨을 헤쳐 나가느라 진짜 해야하는 일을 세상으로 흘려 보내게 됩니다.

이말은, 돈을 다룰 수 있는 사람이라는 것은 돈에 대한 지식의 영역만이 아니라 모든 분야의 자신을 통달한 사람이라고 생각합니다. 돈을 버는 사람이 아니라 돈을 누리는 사람이 되어야 한다는 것입니다. 그래서 재테크를 공부하는 만큼, 마인드에 대한 공부도 반드시 해야 합니다. 그래야 돈을 잃는 순간이 오더라도 내 돈을 지킬 수 있기 때문입니다. 결국 돈은 사람의 크기 만큼 벌게 되어있습니다. 자신의 돈 그릇을 크게 만드는 건 재테크의 영역이 아니라 마인드의 영역입니다. 그래서 부자마인드를 외쳐봅니다.

아주 크게 성공한 기업가의 이야기도 좋지만, 때론 지인이 하는 방법이 더 쉬울 수도 있습니다. 좀 쉬워보이기 때문입니다. 그보다 잘 할 수 있다는 동기부여를 받기도 합니다. 또, 힘들면 위로도 해줍니다. 저는 수 많은 사람들을 만나며, 독자의 시선으로 눈높이를 맞춰, 아주 작은 이야기부터 시작했습니다. 그래서인지, 독자분들은 쏙쏙 와닿는다라는 말씀을 감사하게도 해주셨습니다.

이에 한마디 더한다면, 우리가 책을 읽는 이유는 심심해서 보는 것이 아닙니다. 책을 몇권 읽었다 자랑처럼 읽는 것이 아닙니다. 그저 한 줄을 읽고도, 가슴을 크게 울리게 한다면, 그 책은 값을 충분히 한 것입니다. 험난한 세상에 이러지도, 저러지도 못하는 자신의 마음을 다잡기 위해 책을 읽는 것입니다. 마음을 사로잡는 한 줄을 찾기 위해 우리는 책을 읽는 것입니다. 그 한 줄은 세상이 주는 깨달음을 온 몸으로 느끼게 합니다. 그리고 세상이라는 이름에 과감히 도전하는 것입니다. 도전을 해야지만 원하는 결과를 쟁취하게 됩니다. 결국 스스로가 만드는 감동의 역사를 자신이 보기위해 우리는 책을 읽는 것입니다. 그 감동이 돈이 되던, 명예가 되던, 그 어떤 것이던 여러분들이 원하고, 만들고자 하는 것입니다. 자 이제! 세상에 여러분들의 감동을 전해주세요! 여러분들이 세상에 보낼 감동적인 역사는 무엇입니까?

📖 지금 당신은 작가입니까?

"네~ 저는 작가입니다. 저는 자랑스러운 초보작가입니다."

초보라는 건 미숙함을 포함하고 있습니다. 그래서 프로작가로 인정받기 위해 계속해서 글을 쓰고 있습니다. 다시 과거로 돌아간다해도, 책을 낸 것을 잘했다고 말해주고 싶습니다. 책을 만드는 과정을 경험하다보니, 힘의 강약을 어디에 써야 할지 조금 알 것 같습니다. 그래서, 부족한 것은 보완하고 장점은 강화시키며, 더 멋진 글로 독자를 감동시킬 저는 베스트셀러 작가 준비생입니다.

📖 메타버스에서 꿈을 꾸는 사람들
새로운 세계, 새로운 인연

콜럼버스가 신대륙을 찾듯, 저는 메타버스 플랫폼 이프랜드에 정착하였습니다. 이곳은 SK텔레콤이 운영하는 곳으로 음성지원이 아주 훌륭합니다. 아바타를 움직이며 사람의 활동을 대신합니다. 매우 새롭고 신기한 경험입니다.

"이곳에는 어떤 보물이 있을까?"

마치 콜롬버스라도 된 듯 탐험하기 시작했습니다. 탐험을 할수록, 익숙치 않은 새로운 일들이 넘쳐나기 시작했습니다. 기존의 느슨함과 따분함을 집어 던지고 이곳이 안전한지, 아닌지부터 탐색하기 시작했습니다. 새로운 세상, 새로운 환경은 오감의 자극을 넘어 흥분 시켰습니다. 적인지 아군인지 모른채 함께 춤을 추며 시간을 보냈습니다. 마음의 벽이 무너져서 적을 구별할 이유가 저도 모르게 사라졌습니다. 그들의 생각과 사고 방식을 배워가기 시작했습니다. 이곳에서는 어떤 일이 벌어질지 모르니 아직 기준을 정하지 않습니다. 다수결로 기준을 삼지 않습니다.

새로운 세상에는 누가 맞는지 기준이 없습니다. 그냥 경험합니다. 그러니 맞다, 틀리다가 아니라, 있는 그대로를 인정하고, 기다리고, 받아들이는 아량이 커지기 시작했습니다. 함께 노래를 하며 춤을 추다가도, 하나의 주제가 생기면 각자의 표현 방식대로 이야기를 합니다. 글로 하던, 말로 표현하던 마치 이곳은 소크라테스가 탄행 한 곳인듯한 착각을 느끼게 됩니다. 논쟁을 즐기며 맞다, 틀리다를 말하기보다는 너 자신을 알라고 외치듯이 적응하는 방법을 스스로 맞춰가며 적응합니다. 자신에게 맞는 스타일로, 메타버스를 체험합니다. 이때 누군가가 자신이 옳다며 스스로의 정의에 끼어 맞추려 하면,

괜찮습니다. 간단합니다.

그냥 버튼하나만 꾹 누르면 우린 그 세계에서 빠져 나올 수 있습니다. 스트레스를 받을 필요도 없습니다. 1초도 안되어서, 다른 곳으로 가면 됩니다. 어차피 자신의 인생이니까요. 어차피 스스로 답을 찾는 게 각자 인생이니까요.

노래를 못 부르던 사람도 노래 부르기가 즐거우면, 같이 노래하면 됩니다. 귀를 괴롭히던, 귀를 감미롭게 녹이던, 듣는 사람이 결정하면 됩니다. 허나, 이곳에서는 잘하지 못하는 노래라도 즐길 수만 있다면 서로를 격려하며 박수쳐 줍니다.

이렇게 신세계 속에서 문화충격과 새로움은 잠자는 시간을 줄이게 했습니다. 탐험을 하고 싶어 잠을 잘 수가 없습니다. 천적이 나타날까 하는 두려움은 그림자 속으로 사라집니다. 이렇게 하루하루를 경험하

며, 타인을 비판하기 전에, 스스로를 돌이켜봅니다. 마치 메타버스의 소크라테스인 마냥 '너 자신을 알라'고 외치던 중에 오아시스를 만나게 됩니다. 그리고 그곳엔 보물이 있었습니다. 삶의 우선순위에서 밀려 꽁꽁 숨겨놨던 저만 볼수 있는 특별한 보물상자를 발견하게 되었습니다.

알고 있던 모르고 있던, 내 자아가 원하는 것! 그곳은 바로 글쓰기였습니다. 글이없던 원시시대에 그들도 그랬을까요? 저는 이렇게 멋진 사람들과, 멋진 시간이 물거품처럼 사라지는 것이 속상했습니다. 그래서 기록을 남기고 싶었습니다. 만약, 제가 호모사피엔스였다면, 돌로 벽에 그림을 그렸겠지요. 이유는 간단합니다. 지금의 시간이 너무나도 소중해서 잊고 싶지 않아서입니다. 그러나, 버튼 하나로 연결되는 기술변화를 누리며 살아가는 저는 현대인입니다. 먼 훗날 벽화를 보며 자료의 귀함을 생각하기 전에 이 글을 남에게 보여줘도 되나 하는 초보 글쟁이이자 겁쟁이 중의 한명입니다.

1년 전부터 글을 써야겠다고 생각하며 초고를 완성했습니다. 그런데, 세상 밖에 나오면 큰일이라도 나는 듯이 꼭꼭 숨겼습니다. 노트북 하드디스크에 숨겨 놓듯 저장해 두었습니다. 이런 마음이 하늘이 닿았을까요? 산타할아버지가 선물을 주었습니다. 운명같은 만남이 시작되었습니다. 그건 바로 올리비엔님과의 만남입니다. 90일작가되기 프로젝트를 진행하신 올리비엔님을 만나게 된 건,

"만나게 될 사람은 반드시 만나게 되어있다"

글을 쓰고 싶은 사람과, 글을 쓰게 만들고 싶은 사람과의 만남은 분명, 필연입니다. 실과 바늘 같은 만남 말입니다. 하지만, 서로의 과정은 쉽지 않았을 것입니다. 글을 쓰는 사람은 저인데도 불구하고 이것, 저것, 물어봐야 할게 많음에도 불구하고 저는 도망다니기 시작합니다. 이를 마치 알고 있다는 듯한 올리비엔님은 웃으며 저를 찾아옵니다. 추격자처럼 쫓아다니는 현실은 참으로 웃픈 일이 아닐까 합니다. 하지만, 돌이켜 보면, 올리비엔님은 그 자리에 그냥 있었을 뿐이였습니다. 지레 겁먹고, 약속을 지키지 못하는 저는 온갖 핑계와 변명을 늘어 놓기 바쁩니다. 그러나 변명이 무색할 만큼 올리비엔님은 묵묵히 자신의 일을 진행합니다. 혹여라도 낙오할까봐, 오히려 더 세심한 격려를 해줍니다. 지금은 그 덕에 제가 이 자리에 있다고 감사하다는 말씀을 전합니다. 작아 보이는 글이 세상에 나올 수 있게 아낌없이 격려해주시고 위로해 주셔서 감사합니다.

글을 쓰는 사람의 스타일은 다양합니다. 저의 경우는 글쓰기만큼은 집중력도 약하고, 멘탈도 약해서 혼자서 쓰다가, 사라질 수 있었습니다. 이런 저를 알고 있다는 듯이 올레비엔님의 리더쉽은 감히 넘치지도 부족하지도 않았습니다. 거기에 겸손함까지 갖춘 모습은 오히려 감동이였습니다.

"자신의 책도 아닌데 이렇게까지 하다니...."

자신의 책이 아님에도 불구하고 마무리를 하길 바라는 올레비엔님의 마음에 감동받아, 마치 올레비엔님을 위해 쓰는 듯한 글쓰기를 진행하게 되었습니다. 참으로 어이없는 상황이지만, 올레비엔님과 한 약속을 지키기 위해서 글의 속도를 높이기 시작했습니다. 틈틈이 쓰기엔 부족한 시간이어서, 모든 일을 다 접고, 글쓰기에 몰입하였습니다. 그리고 탄생하게 되었습니다. 짜~잔!! 이 세상에 저의 이름의 책이 이렇게 존재하게 되었습니다.

새로운 세상 속에서 귀인을 만나게 되었습니다. 어찌보면 마음속에 글을 쓰고 싶다라는 간절한 소망이 있었기 때문일 수도 있습니다. 탐험가인 저는 보물을 찾아 제 발로 찾아온 메타버스 세상속에서 여러 개의 보물을 찾게 되었습니다. 책은 그 중의 하나입니다. 여러분들은 지금의 환경에 만족스럽다면 유지하시면 됩니다. 허나 불만족스럽거나, 잘 되지 않는다면, 새로운 세상을 탐험해야 합니다. 새로운 환경을 만나야 하는 이유는 자신의 꿈을 펼치기 위해서입니다. 즉, 잘못된 방향으로 가고 있는지 점검 해봐야 합니다. 우리가 생각하는 성공자들도, 안정적인 삶이 더 위험하다는 걸 알기에, 새로운 세상에 발을 들입니다. 그리고 저처럼 보물을 반드시 찾아냅니다. 이렇게 배우고 싶은 롤모델들도 새로운 세상을 마다 하지 않습니다. 그런데 보물을 찾을 수 있는 세상을 여러분들은 남에게 드릴건가요?

새로운 곳은 신선하고 흥미로운 에너지가 넘칩니다. 그 에너지를 받아 자신에 일에 쏟아 부으면 됩니다. 혹여라도 자신을 비난하고 속박하는 사람이 주변에 있다면 새로운 여행을 떠나보세요. 당신을 밟으며 자신의 우익을 실현하고자 하는 사람에게는 기회를 더 이상 제공하지 마세요. 어려운 항해는 이젠 그만, 버튼만 하나 누르면 뿅!! 새로운 세계가 열립니다. 이곳에는 부와 명예도 다 필요 없습니다. 누구나 다 처음부터 시작합니다. 조건도 똑같습니다. 남이 무언가 제공해주는 것에 익숙하다면, 이곳만큼은 스스로 경험을 해야합니다. 적응 해야합니다. 공평하게도 누구에게나 다 기회가 똑 같이 제공됩니다. 허나, 인격을 갈고 닦았다면, 한 눈에 쏙 들어 옵니다. 반짝반짝 빛나는 당신을 사람들은 금방 찾아냅니다. 돈으로도 살수 없기에, 시간을 많이 투자하는 사람이 우점에 서기도 합니다. 그건 아마도 만시간의 법칙과도 같습니다. 현실은 보이지 않는 힘에 의해 좌절되지만, 이곳 만큼은 내가 계획하는대로, 목표하는대로 이룰수 있습니다. 시간이라는 자본으로 다 똑같이 시작하니까요?

당신의 꿈은 무엇입니까? 당신이 원하는 소망은 무엇입니까? 혹여라도 무엇인지 모르면서 바라기만 하는 사람은 아니길 바랍니다. 당신이 원하는 것이 있다면, 메타버스 세상으로 조금 일찍 진입하십시요! 세상 순수한 원주민들이 당신을 대 환영합니다.

저는 이 순간에도 글을 적어봅니다. 무인도 속에서 사람을 그리며 병속에 종이를 꾸겨 넣듯이, 누군가는 봐 주기를 간절히 바라며, 바다 위로 떠 보냅니다. 결과는 크게 변하지 않을겁니다. 얼마큼의 시간이

지나야 이 글이 세상 밖으로 나올지는 아무도 모릅니다. 하지만, 그 희망을 버리지 않은채 오늘도 당당히 걸어갑니다. 만약 제가 새로운 세상을 도전하지 않았더라면 저의 책은 어떻게 되었을까요? 때론 새로운 세상의 작은 인연일지라도 인생을 바꿔 놓기도 합니다. 여러분들의 새로운 세계, 새로운 인연도 응원하겠습니다.

데레사의 추억여행

박다원(데레사)

데레사의 추억여행
/박다원(데레사)

박다원 저 (유페이퍼 / 부크크)

📖 왜 책을 쓰고 싶었나?

수많은 책을 보면서 내 이야기가 책으로 나오면 얼마나 좋을까? 책을 쓰고 싶다는 생각은 있었지만, 실행으로 옮기진 못하고 동경해왔지요. 보잘것없는 삶이지만 살아오면서 행복했던 날들이 내게 있었나? 싶을 정도로 힘들고 어려운 날들이 많았던 것 같아요. 열 가지 중에 하나만 행복했다면 행복마저도 불행으로 치우치기 쉽단 말이죠.

📖 작가가 되는 것이 꿈이었나요?

책 쓰기 꿈을 갖기 시작한 건 마을 배움터에서 안은미 여행 작가와의 글쓰기를 하면서 이런 이야기는 책으로 내도 되겠어요. 라는 말을 들은 다음부터 나도 책 쓰기가 가능할까? 망설이고 있을 때 일단 적어보고 많이 모이면 책으로 편집 가능하다고 하며 긍정의 힘을 넣어 주었고, 매주 다른 주제로 한 꼭지씩 적어보라고 해서 적어놓고, 발표하고 이러다 모았던 글이 여러 개 되었지요. 그런데 배움터 수업이 끝나고 보니 흐지부지 손을 놓게 되더라고요. 그런데 기회가 왔지요. 책을 쓰겠다 생각하게 되었지요. 이프랜드에서 그것도 무료로 책을 낸다는 90일 작가 프로젝트가 책 쓰기를 하여 작가로 만들어 주었답니다.

📖 책을 쓰고 나서, 달라진 점이 있나요?

나도 작가의 대열에 들어섰구나! 부족한 내 일상 공개가 되었고, 응원의 메시지가 날아오기에 참으로 대견하다는 잘 견디어 냈구나! 힘들 때 이렇게 살아 뭐하나? 생각은 수도 없이 했고, 내가 믿었던 하느님은 날 왜 이리 힘들게 살게 두나? 마지막을 화려하게 보내려 했던 마음을 접게 한 엄마의 관심이 까짓거 후일 떵떵거리며 살날이 온다는 믿음을 가지게 했고, 세상은 살만하다며 이후로 더 열심히 살았던 것 같아요.

꿈을 하나 이루었다는 뿌듯함을 느꼈고, 세상에 나의 생활이 알려졌다는 사실에 더 잘 살아야겠다는 의무감이 생겼어요.

📖 책을 쓰는 과정에서 어떤 점이 가장 어려웠나요?

책을 등록하는 과정에서 몇 번을 들어도 알아듣지 못하는 단어들이 속속 나오면서 띵하고 받치기도 했는데 그때마다 바른 설명과 함께 카톡을 주고받으며 고치고, 또 고치고 내 영역 밖의 표지라든가 어려움을 대신 마무리 할 수 있게 도움을 주신 올레비엔님의 수고를 고맙게 생각했지요.

📖 작가님 책의 장점을 자랑해주세요

추어 속의 일상들을 글로 옮겼는데 장점이 있을까 곰곰 생각해 보게 되네요. 아 나를 위한 배움의 시간을 가졌다는 것과 도전해 볼 만한 것들에 대해서는 열정적인 마음으로 다가가는 것이라고 하겠네요.

📖 지금 당신은 작가입니까?

부족한 작가라고 하겠지요. 책을 쓰기만 했다고 작가는 아니라고 봐요. 문예 대전에 출품 수상을 했거나 많은 책이 팔려서 우수작가라는 평판이 나야 진짜 작가가 아닐까 생각이 들어요. 세상 속으로 던져진 저의 소책자는 읽는 이의 마음에 작은 울림을 주는 것으로 만족해요.

책을 냈더니 부자 멘토님의 북 토크 밋업에 초대되어 이야기 나누었어요. 질문에 대한 대답을 적었는데 사실 그대로 말해지지는 않았어요.

❖박다원 작가님의 북콘서트 내용을 소개 합니다. 북콘서트는 메타버스 이프랜드에서 진행되었습니다. 진행자-부자멘토 (김하경 작가님)의 사회로 진행 되었습니다. 이하 부(부자멘토) / 데(데레사/박다원작가님)으로 표기 됩니다.

📖 박다원 작가님의 북 콘서트

부 Q.: 90일 작가 프로젝트로 시작한 이번 책이 처음이신가요? (두 권의 책은 어떤 책 인지요?)

데 A: 메타버스 세상 속에서 라이팅젤을 이용해서 "내 안의 울림이라는 전자책 시집을 냈고, "메타버스 한다"라는 책은 공저로 메타버스 교육받았던 교육생들이 수료식 날 만들었던 앱을 발표하면서 보고 느낀 점을 써서 한 꼭지 들어간 책이 있습니다.

부 Q.: 이 책을 낼 때는 어떤 마음으로 시작하게 되었나요?? 동기 등등

데 A: 인문학 사랑방이라는 마을 배움터에서 글쓰기를 했는데 나중에 책을 내면 좋겠다고 해서 매주 주제를 주면서 적어보게 했어요. 잘 쓰지는 못했지만 모아 두었던 자료들이 있어서 옮겼기에 빨리 작업할 수 있었던 것 같아요. 인스타에 올려진 올레비엔 님의 책 쓰기를 한다는 90일 작가 프로젝트의 글에 댓글을 달게 되면서 인연이 되었기에 용기를 내어 도전해 볼 수 있었습니다.

부 Q.: 90일 작가 프로젝트를 진행하면서 좋았던 점 또는 아쉬웠던 점은 무엇인가요?

데 A: 책을 내보라고 홍보하는 오픈 방은 많았어요. 비용이 들어가는 거지요. 그런데 올레비엔 님은 모든 것을 알려주면서 무료로 책을 낼 수 있었다는 것이 좋았어요. 무엇을 물어도 싫은 내색 없이 모르면 찾아서 알려주는 올레비엔 님이 열정이 좋았어요. 아쉬웠다면 책이 나오고 보니 내용이 적어서 책이 얇았다는 것과 책의 가격을 높게 책정해서 수정이 안 된다는 것이었어요.

부 Q.: 이 책이 완성되었을 때 어떠셨나요?

데 A: 글을 완성하고 유페이퍼에 올리고 기다렸던 ISBN이 나왔을 때 이제 나만의 전자책이 완성되어 작가가 되었구나! 하는 뿌듯함이 생겼어요. 잘 몰라서 여러 번 묻고 밤늦은 시간까지 카톡으로 오가며 책을 나올 수 있게 격려하며, 긍정적으로 할 수 있게 매번 알려준 올레비엔 님이 무척 감사했어요. 작은아들에게는 미안함도 있었어요.

부 Q.: 이 책을 통해 전하고자 하는 메시지가 있을까요?

데 A: 힘들고 지쳤을 때, 나를 지지해주는 한 사람이 있다면 살아갈 힘을 얻고 용기를 낼 수 있지 않을까? 그런 생각이 들 것 같아요

부 Q: 책의 내용으로 들어가 보겠습니다.

"늦둥이 키우는 재미 쏠쏠해요. 아들만 둘 키우다가 딸을 키우니 너무 좋아요. 친구도 되어주고 어떤 때는 상담가가 되어주기도 하고, 아이 키우는 거 힘들다는데 전 거저 키우고 있어요. 3대가 덕을 쌓아야 할 수 있다는 주말 부부 그 삶은 내가 맘껏 누릴 수 있고, 좋았던 시절이었어요. 주말 이틀만 숨죽이고 지나면 5일은 나만의 세상을 즐길 수 있었으니까요. 성당에 가거나 봉사하러 가는 것이 낙이었지만 그 속에서 행복함을 느끼며 살았지요. 내게 소피아 (늦둥이)가 없었다면 지금의 나를 상상할 수가 없어요. 아주 힘든 시기에 내게 주신 하느님의 선물이지요. 나를 웃게 해주고, 살아갈 힘을 넣어 준 막내 소피아."

이렇게 시작이 됩니다. 이 글을 보니 딸에 대한 애정과 사랑. 그리고 데레사 님만의 사연이 있을 거라 예측되는데요. 혹시 이야기해 주실 수 있을까요?

데 A: 남편의 군 생활 20여 년 무렵 마지막 근무지가 육군본부로 발령이었어요. 아들이 고등학교 3학년. 초등학교 4학년이었는데 춘천에 아파트를 신청해서 당첨되어 지어지기까지는 2년이면 들어가겠다고 집을 보러 다녔는데, 대전으로 내려간 남편이 부모님도 연세가 들어가고, 잦은 이사로 친구도 없는 아이들이 안쓰럽다며 구미로 내려가라고 해서 갑자기 이사를 내려오게 되었어요. 구미에 부모님 집을 들어가려니 비좁고, 2층에는 살던 사람이 있었기에 어떻게 할까? 알아보려 내려왔다가 친정엄마의 제안이 애도 다 컸고, 돈을 벌어 보는 게 어떻겠냐는 말에 학교 뒤에 문구점에서 점원을 모집한다며 가보자고 해서 알아보러 갔는데 직원을 구하지 않고, 아이가 민족사관학교를 들어가서 이사를 해야 한다며 내놓았다는 것이다. 엄마의 해 보라며 부추기는 말에 남편과 상의도 없이 선뜻 하겠다고 했어요. 춘천으로 올라온 뒤에 동생이 계약금을 주었고, 거기서부터 꼬이기 시작했어요. 이사를 내려오며 주말부부의 삶이 시작이 된 거지요. 매일 문구점에 매여 아침 7시면 문을 열고, 밤 10시까지 꼼짝없이 매여진 삶. 남편은 주말에 내려오면 등산을 가고, 술에 찌들어 들어오면 짜증을 냈고, 일그러지기 시작했어요. 점점 힘들어졌고, 문구점도 아이들의 손타는 것이 보이기 시작하며 회의가 들어 하기 싫어졌는데 그만하고 싶다고 느껴져 내놓았지만 선뜻 하겠다고 나서는 사람이 없어 흥미를 잃어가고 있었지요. 그런데 주인이 옆에 건물이 들어서면 옮겨가라는 거였어요. 그런데 진짜로 옆의 공터에 건물이 짓는다며 있던 봉봉을 철거하라는데 난감하더라고요. 그때 어쩌다 늦둥이가 임신이 되었고, 제대를 앞두고 있는데 아이라니 남편의 만류에 도망 다녀가며 지켰어요. 난 아이를 낳고 이혼하리라 맘먹었어요.

부 Q: 대충 아시겠지만 데레사 라는 이름의 뜻과 소피아의 뜻은?

데 A: 데레사는 세례명으로 생일과 가까운 성인을 정해서 지었어요. 대학 다닐 때 할머니 친구분의 평소 나누는 삶을 보면서 그분을 대모로 정하였고, 대 데레사로 정했다고 하니 삶이 고통스런 성인을 선택했느냐며 다른 걸로 바꾸라 했다. 수녀님께서 성인 성녀가 어렵게 신앙 생활하며 성인품에 올랐지. 편하게 성인이 된 분이 어딨냐며 데레사로 정해주셨어요. 소피아는 성인을 검색해서 찾았는데 천상의 지혜라는 뜻이 있어요. 그래서인지 아기 때부터 달랐어요. 똑똑하고 말도 잘하고 어디를 데리고 가도 칭찬의 말이 들렸기에 마흔넷의 나이에 딸 키우는 재미에 푹 빠져 나의 분신처럼 업고 다녔어요. 문구점은 소피아의 출생으로 더 미룰 수 없어 아픔을 감내하고 파산. 처음 들어갔던 권리금 다 날린 거지요. 남편의 퇴직금을 대출받아 날렸기에 이때부터 모녀 사기꾼이라며 갈구기 시작했어요. 힘든 시기 동생의 권유로 농아인협회에 들어가서 사회복지를 사이버대학에 편입해서 공부하게 되는데, 나이 들어 컴퓨터를 그때 시작했고, 딸이 학교 다닐 즈음이면 아마 필요할 것 같아서 부모교육을 듣게 되고, 수많은 교육을 받게 되는데 자원봉사대학 1기로 시작한 생활이 지금까지 이어져 오고 있어요.

부 Q: 누구에게나 아픔은 있을 거라 생각됩니다. 하지만 그 아픔을 어떻게 극복하고 살아야 하는지 희망의 끈만 있다면 어떻게든 견디어 낼 수 있으리라 믿어 봅니다. 감동적인데요.

사실 오늘까지 오면서 이걸 계속해야 하나? 하는 개인적인 고민이 있었습니다. 타인을 돕기 위해 시작한 일이 저에게는 희생이라는 이름이 따라오기도 하는 부분이 있었기 때문인데요. 지금 이 시점에서 데레사 님의 책을 읽으며 이렇게 진행하길 잘했다. 만약. 내 가 작가와의 만남을 하지 않았더라면 과연 이 책을 읽었었을까?? 생각이 드는데요.

그런 날 있으신가요? 난 그냥 좋아서 멍하니 창밖을 보고 있는데 비가 주루룩 내립니다. 슬픈 일도 없고, 그렇다고 나쁜 일 없이 멍하니 창밖을 바라보는 듯한 느낌. 그냥 따스하기만 했던 엄마의 삶을 그냥 멍하니 담담하게 바라보는 듯한 느낌 표현이 맞는지 모르겠습니다. 슬픈지 기쁜지 알 수 없는 아련함. 이런 느낌이 떠오르며 이 책을 읽기 시작했는데. 책 이야기보다도 데레사 님의 이야기가 하실 게 더 많다는 생각이 듭니다만 ㅎㅎ

데 A: 비 오는 날 차를 타고 달리면 눈물이 흘러도 표가 나지 않아요.

싸우고 나면 자리를 피해야되니 아이들 데리고 나오면 어디를 갈 곳이 없어요. 차에서 밤새기를 수십 번 구미에서는 더 갈 곳이 없더라고요. 찜질방 ㅋㅋ 딸이랑 짐 싸 들고 가는 곳이었는데 이젠 차를 타고 지나오며 엄마 찜질방에 갈까? 웃고 말지요.

책 쓰기를 하려고 글을 써 모았는데 정작 책을 내게 되는 것은 「올레비엔과 함께하는 90일간의 책 쓰기 프로젝트」에서 남기게 되네요. 기회와 인연은 따로 있나 봅니다.

부 Q: 책을 이미 두 권이나 내셨기에 3권째도 진행하려고 하셨지요??

데 A: 남편이 보내준 편지가 있고, 늦둥이가 어린이집에 다닐 때 선생님과 주고받은 메시지가 있는데 어느 날 펼치니 사진이 바래져서 필름만 남아 있더라고요. 힐링조이 님이 딸 이야길 쓰신다기에 나도 이 내용을 옮겨보면 어떨까? 아이디어가 생각나서 도전했어요. 그런데 쉽지 않아요.

부 Q: 도전의 아이콘!! 최근에 시작한 도전이 있다면요??

데 A: 작년에 안전 강사가 되어 보겠다고 도전했는데, 이프랜드 인플루언서가 되고 보니 메타버스에 관심이 가서 안전은 한걸음 뒤로 물러섰지요. 생각만큼 쉽지 않아요. 마음은 뻔한데 머리가 잘 돌아가지 않아요. 메타버스 강사가 되겠다고 교육받고, 기회가 없어서 안전 강사에 도전했는데 이프랜드 인플루언서가 되면서 메타버스와 연결이 되니, 두 가지를 동시에 하기가 버거웠어요. 그렇다고 안전에 1년을 공을 들여 노력했는데 발을 빼기도 아깝고 두 마리 토끼를 잡고 가자니 조금 힘이 들긴 합니다. 욕심에 마을 평생교육 지도자로 자격이 주어지면서 주산 자격증을 취득했어요. 어르신들 주산 교육에 투입되려고 말이지요.

부 Q: 자격증이 어마어마합니다. 그 이유와 계기가 있으신가요??

데 A: 농아인협회에 들어갈 때 이력서를 적고 보니 한 줄이 아쉬운 겁니다.

사이버대학을 편입하고 보니 컴퓨터에도 무지한이고, 졸업하면 이력서 한 줄을 채우기 위해 동기사무실에서 웃음치료사를 따게 되었고, 그다음 한 줄을 위해 도전 또 도전하며 여기까지 오게 된 겁니다.

부 Q: 대학교를 나오셨는데요 데레사 님 입장에서는 대학 시절 서러운 것도 알겠지만 그 시절엔 초등학교만 나오신 분들도 많으신데요 어떻게 대학까지 가게 되었는지 궁금합니다. 공부를 잘하셨나요??

데 A: 우리 때는 반에서 대학을 많이 갔어요. 학력고사 세대, 고3 방학 때 취업의 문을 두드렸고, 구미에 한국 전자기술연구소라는 곳에 들어갔어요. 방학이 끝나고 학교에 오니 다들 어느 대학교에 갔고, 누구는 어느 대학 대화의 대열에 끼일 수가 없었어요. 학교에 전문대 모집 공고를 보게 되었어요. 여기라도 갈까? 엄마한테 이야기하니 펄쩍 뛰었는데 우겨서 입학지원서를 내고 다니게 되었어요. 전자과를 지원하였는데, 우리 집에 금오공대 다니던 오빠가 동생의 가정교사로 온 적이 있었는데 전자과였거든요. 그 영향으로 메타버스에 관심을 더 가지게 되었는지도 몰라요.

부 Q: 얼굴에 칼자국이 있다고 하셨는데, 지금은 어떠신가요??

데 A: 지금도 남아 있지요. 신경 쓰지도 않고 살고 있어요. 시집갈 때 흠이 될까 없애 준다고 했던 엄마. 흠이 있어도 좋다는 놈 있는데 하며 그냥 덮어 버린 것이 그땐 서운했지만 사는데 별 지장은 없더라고요.

부 Q: 둘째 아드님에 대해서 글을 쓰셨는데… 둘째 아드님은 잘 계신가요? 보통 말썽꾸러기가 커서는 효도를 하는데 괜찮으신가요?

데 A: 잘살고 있긴 한데 여전히 파산했다가 회생했다가 씀씀이가 큰 건지 남의 돈 겁 없이 빌려 쓰기도 하고, 연락이 없으면 잘살고 있다고 생각해요. 어느 날 전화 오면 가슴이 덜컥하긴 합니다. 무슨 일이 생긴 것이 아닌가 하고.

부 Q: 부군은 어떠신지요??

데 A: 완쾌되지 않는 병이니 감안하고 살아가야죠. 더 이상 나빠 지지 않기만을 바라고 있지만 날이 갈수록 점점 아기가 되어가요. 하 나에서 열까지 모두 내 손이 필요해요. 씻는 거부터 옷 입기 하다못 해 화장실 뒷정리까지. 그런데 말이죠. 내가 평소에 지긋지긋한 잔소 리가 듣기 싫고, 밖으로 친구들하고 다니는 게 싫어서 기도하기를 나 만 바라보게 해달라던 적이 있었어요. 지금 상황이 나만 바라보고 있 다는 거. 그때 했던 기도가 이루어 진 거겠지요.

부 Q: 마지막 질문입니다. 이 책은 어떤 사람들이 봤으면 좋겠는 지 궁금합니다.

데 A: 책은 내용에 다 담지는 못했지만 내 삶이 왜 이리 힘들었을까? 대모님 말씀대로 성인의 삶을 닮아 가서 그럴까 생각도 했지만 내게 주어진 팔자가 그렇다고 하는 시어머니 말을 안고 가는 거지요. 엄마는 지지리도 복도 없다고 말하는데 다시 생각해 보면 복도 바꾸어 살아야죠. 아이가 태어나서 가정이 와해 되기도 한다지만 늦둥이가 우리 가정을 지켜 주었고, 내 삶의 희망이 되기도 해요. 딸은 꼭 필요한 거 같아요. 아들만 키운다면 딸을 낳으면 좋다는 걸 추천해요. 십자가가 힘들어도 견디어 낼 만큼 주어진다는 거. 한 가닥 희망이 있다면 살아 볼만하답니다.

❖박다원 작가님은 메타버스에서 꾸준히 활동하고 계신 인플루언서 이십니다. 아래는 이프랜드에서 연말 스페셜 모일을 진행한 내용입니다.

📖 올레비엔님과 스페셜 밋업으로 겨울 이야기

운전하면서 있었던 일을 생각해내기도 했었지요. 1996년 12월경 대전에서 세피아를 샀다. 차를 타고 드라이버 가자고 전국 일주해 볼까? 지리산 고갯길을 넘어야 되는데 아뿔싸!! 눈이 있고 얼어 있어서 길이 미끄러운 상태였지요. 엑셀을 밟아도 오르지 않자 남편이 내려서 밀어라 그러더라고요.

아들과 둘이 내려서 밀려고 뒤로 갔죠. 지나는 분이 죽으려고 그러냐며 빨리 비키라는 겁니다. 바로 뒤로 차가 미끄러져 내려오는 거에요. 휴~ 가슴 쓸어내리며 안도했죠. 그런데 차에 타고 있던 둘째랑 남편은 우리보다 더 놀란거에요. 겨울인데 체인 준비도 없이 무모하게 나선 여행길이 황천길이 될뻔했답니다. 다른 차들은 올라가는 겁니다.

그런데 우린 가슴 졸이며 올라가기 두려워 차를 돌려 다니기 좋은 도로만 돌아 동해를 지나 돌아왔던 기억이 나네요.

화천 살 때도 세피아로 다녔는데 구미를 자주 내려왔어요. 구미서 출발할 때는 멀쩡하던 날이 중부고속도로를 들어서면서 눈이 날리더니 펑펑 함박눈이 쏟아지는 거에요. 그래도 어느 정도 갈만했어요. 바로 녹아 버리니까 해질녘이 되고 춘천 가는 길에는 살짝이 얼어가는 겁니다. 그땐 차들이 거의 줄지어 있었고, 어쩌다 브레이크에 발을 올리면 삐익 하며 핸들이 마구 돌아가는 거에요.

춘천을 지나 화천까지 가는데 어찌나 겁이 났던지 마침 체인이 차에 있어서 갓길에 차를 세우고 아들과 낑낑대며 체인을 감고 출발하니 마음이 진정이 되더라고요. 그때 처음으로 체인을 사용하고, 이후론 한 번도 쓸 일이 없었답니다. 눈 오면 안 나가요. ㅎㅎ

화천 시내에서 살던 우리들은 사방거리에 있는 칠성성당엘 갑니다. 1월 1일 미사에 가려고 나섰는데 그곳은 산길이라 꼬불꼬불 음지에는 늘 얼음이 도사리고 있어요. 그런데 남편이 브레이클 밟았어요. 웬걸 차가 두 번이나 회전을 하는 거에요.

'우린 죽었구나' 머릴 박고 떨고 있었는데 차가 섰더라고요. 벼랑으로 떨어지지 않은게 천만다행이었지요. 앞 범퍼가 떨어져서 덜러덕 거리고 있었어요.

"성당으로 갈까 말까 그래도 나섰으니 가자"

"우리가 성당에 가니까 이 정도로 끝난거야 감사하고 오자!"

그런 차를 보고 다들 대단하다며 난리였죠.

떡국도 끓여 먹고 담소를 나누고 늦게 나서서 돌아오는데 차를 바꾸자 작은 차는 안 되겠어. 이후로 차를 바꾸게 되었다는 썰 ㅎㅎ

4년을 세피아를 타고 차를 바꾸기로 했지요. 9인승 카니발. 사람들을 태우고 나들이를 다녔어요. 그때만 해도 40대 초반이라 캠핑 다니는 걸 좋아했어요. 주말이거나 손님이 찾아오면 고기를 사서 구울 수 있는 장비들을 챙기고 나서기 일쑤였거든요. 화천은 물도 맑고 시원해서 여름이면 많은 지인들이 오곤 했어요.

그런데 겨울은 장난 아니었어요. 눈이 오면 다 녹기 전에 또 내리고,

늘 도로는 얼어 있는 상태였지요. 카니발은 덜 미끄러지더라고요.

'어라? 이것 봐라 브레이크 잡아도 안 미끄러지네!' 겁도 없이 얼음길을 잘 다녔지요.

어느 날 인천으로 사제 서품식에 가게 되었어요. 6명이 제 차로 가려고 출발해서 가는 도중 육단리 고개를 넘어 도로를 달리는데 내 뒤 차가 추월하더니 앞에 오던 차와 부딪치고 논바닥으로 날아가 뒤집히는 걸 보는 순간 부딪힌 그 차가 내 차로 미끄러져 오면서 손쓸 틈도 없이 박혀서 아래 논바닥으로 쿵!!

그래서 인천으로 가지도 못하고 병원으로 가는 신세가 되었지요. 여섯 명이 다들 다치지 않은 것만으로도 감사했던 날이었어요. 새 차를 타고 얼마 되지 않아 있었던 사고라 아까웠지요. 같이 타고 있던 사람들 중에 헌병 대장 사모가 있었는데 바로 그 남편에게 전화를 해서 얼마나 티박을 들었는지 왜 자기한테 먼저 전화를 안 했냐고,

에어백의 소중함을 그때 알았어요. 만약에 에어백이 터지지 않았다면 갈비뼈가 나갔을 거라고. 차는 어디로 갔는지 모르고 우리들은 모두 응급차에 실려 병원으로 가게 되었지요.

포천의 작은 병원이다 보니 엠블런스에 태우고 의정부의 큰 병원으로 가서 촬영을 하게 되었고, 다행히 큰 이상은 없었지만, 허리뼈 중

에서 약간의 튀어나옴이 있다고 해서 병원 신세를 지게 되었는데 아마 그게 가장 큰 사고로 기억에 남아있어요. 얼음길을 자전거를 타고 수영장을 다닌 화천에서의 겨울이었습니다.

❖ 광화문에서 진행된 열린소통 포럼의 내용입니다.

📖 열린 소통 포럼

열린 소통 포럼이라고 광화문 일번가에서 매달 진행해오던 포럼인데 한 번도 빠지지 않고 참석했거든요. 올해는 5명에 선정이 되어 참여했고, 미리 뭘 이야기할지 문제를 줘서 적어봤답니다.

열 Q: 자기 소개를 해 주세요.

데 A: 안녕하세요? 저는 생활 공감 정책 참여단으로 활동하고 있는 구미시 회원 박다원 입니다. 3기부터 8기까지 활동하고 있습니다.

열 Q: 열린 소통 포럼을 어떻게 알게 되셨나요?

데 A: 생활 공감 사이트가 광화문 1번가로 옮겨지면서 열린 소통 포럼을 알게 되었습니다. 생활 아이디어가 잘 떠오르지 않았기에 열린 소통 포럼은 주제가 있었고, 그 이전에 전문가 포럼으로 미리 알려주시니 소그룹 하기도 괜찮았고, 소그룹 이전에도 유튜브로 포럼이 열려서 들을 수 있게 해주시니 주제별로 나눔을 할 수 있어서 참여하기도 편했습니다.

열 Q: 열린 소통 포럼이 다른 국민 참여 행사와 구별되는 점은 어떤 것 이라고 생각하세요?

데 A: 행정안전부에서 하는 국민이 참여하고, 제안이 실행되는 제일의 플랫폼이 아닐까요?

제안해야 한다고 하면 무얼 할지 아이디어가 떠오르지 않는데 정책 공론장에서 나오는 전문가의 의견을 듣고 보면 아! 이런 좋은 점이 있구나! 생각해 보면서 어떤 점에 와 닿는 부분을 공감하게 됩니다.

열 Q.: 2022년 열린 소통 포럼은 작년과 달리 다양한 형식으로 표현을 진행하였습니다.

이 부분에 대해서 참여자로 어떻게 느끼셨나요?

데 A: 뭔가 다른 시도로 정보를 전달해 주시고자 하는데 나와 관련된 것만 더 신경 쓰게 되더라고요.

출산 문제 나 댕댕이 보다는 여행지 홍보나 식품산업이 관심 가는 것

열 Q.: 올해 가장 인상적인 포럼은 무엇일까요?

데 A: 우리나라 신분증 어떻게 하면 더 편리할까? 직접 현장에 가서 봐서 인상적이지 않았을까 하는 생각입니다. 각층별로 나누는 이야기들을 들으며 학생이나 다문화 노인에 이르기까지 본인의 이야기를 하는 걸 들으며 공감 가기도 했어요.

열 Q: 열린 소통 포럼에 참여하면서 가장 좋았던 점과 아쉬웠던 점은 각각 무엇일까요?

데 A: 커피 쿠폰을 선물 이벤트가 좋았고, 당첨되었을 때 좋았겠지요. 아쉬웠던 점은 교보문고 도서상품권이 별로 필요치 않았는데 사실은 인터넷에서 등록하고 사용하는 게 귀찮았어요. 차라리 먹는 쿠폰이 더 좋았을걸 ㅎㅎ

열 Q: 앞으로 열린 소통 포럼이 더 발전하기 위한 제언을 해 주신다면요?

데 A: 홍보가 부족하고 참여가 저조한데 미리 홍보를 많이 하도록 sns에 올려서 테그 하고 친구들 소환해서 몇 명 이상 되면 쿠폰 쏘는 게 어떨지

열 Q: 2023년에 다뤄봤으면 하는 주제를 추천해 주신다면 어떤 것일까요?,

데 A: 코인 시장 이대로 좋은가 많은 사람들이 힘들어하고 있어요.

열 Q: 마지막으로 더 하고 싶으신 말이 있다면 남겨 주세요.

데 A: 소그룹에서 인원이 줄어드는 것이 안타깝긴 하지만 다양한

지역에서 다른 분들과 나누는 토의가 신선하고, 매번 오시는 분들이 계시다 보니 어쩌다 마주치면 반갑고 친근한 모습이었습니다.

매번 새로운 내용을 찾아 알려 주시려는 빠띠 타운홀 관계자분께 감사드립니다.

📖 치매 수기

치매 수기를 쓰라고 해서 적었는데 커피 쿠폰이 왔더라고요.

누가 남편이 치매 환자가 될 줄 알았겠습니까? 이제 3년이 되어가네요. 치매 판정받아 보라고 권유했을 때 믿기지 않았어요. 설마 똑똑하던 사람이 치매 일리가 상상 못했어요. 어느 날 보건소에서 치매 검사 한번 해 보면 안될까요? 65세 이상 어르신만 가능합니다. 그냥 한번 해보게 해주세요. 검사지를 받아서 남편보고 하라 했지요. 상상외로 점수가 낮게 나오니까 병원에 가서 뇌 MRI 촬영을 해보는 것이 어떠냐고 하기에 직장에서 잘리면 어떡하나 하고 검사를 하지 않았어요.

그런데 어느 날부터 남편이 나이가 많은 사람부터 퇴직 권유받아 아마 나오게 될 것이라고 했어요. 막상 퇴사를 하고 나니 억울해서 본사를 찾아갔어요. 나이 때문에 회사를 그만 둬야 되는지 물었지요. 그런데 그게 아니었어요. 업무를 예전에는 똑 부러지게 했는데 이제는 업무가 제대로 안 된다고 하는 겁니다. 일을 못해서 그만두게 했다는데 어쩌겠어요. 주말 부부로 12년을 살면서 주말에 왔다 가니 건강 상태를 몰랐던 거지요. 퇴직하고 병원에 가서 MRI 찍어보니 뇌는 깨끗한데 약간의 수축이 있다고 하면서 치매 검사지로 다시 검사를 했어요. 대학원이나 나왔는데 점수가 너무 낮네요. 라며 그때부터 약을 먹기 시작했어요. 사람이 직장을 그만두고 나오니 우울해지고, 난폭해져서 감당이 안 되었어요.

통닭집을 아들과 했는데 매장에 늘 생맥주가 있었고, 틈만 나면 와서 따라 마시곤 했기에 별 신경을 쓰지 않았는데 한번은 씩씩대며 가게로 오더니 죽여버린다고 가위를 들고 소리치고 행패를 부리는 거에요. 손님이 있든 그런 건 신경 쓰지도 않았어요. 가게를 뒤집어엎은 이후로 가게를 접었지요. 행패를 부리면 신고해서 경찰이 다녀갔고, 집의 가재도구는 수시로 엉망으로 만들어 놓기 일쑤였지요. 전기제품 선을 가위로 잘라 놓기도 하고, 내 옷도 가위로 자르고. 더 이상은 안 되겠다 싶어 미래병원이 정신병동인데 그곳에 입원시켰어요. 보름 만에 퇴원시키고 나니 집에서 꼼짝도 못하고, 벌벌 떨며 눈치 보고 살았어요. 약을 계속 먹으니 좀 진정이 되더라고요.

의사 선생님이 환자도 중요하지만 돌보는 사람이 건강 해야되니 풀수 있는 뭔가를 만들어 놓으라고 장기간의 싸움이라고 하더군요. 지금은 폭력은 줄었지만 배고프면 신경질이 나고 소리 지르고 짜증 냅니다. 늘 표정을 살피고 반응이 어떻게 나올지 조마조마하게 살고 있습니다. 내가 이를 풀 수 있는 것은 나가는 것이지요. 사람들 만나고 봉사하고 다니면 속이 후련해집니다. 집에 오면 다시 답답하고 눈치 보게 되고, 항상 가슴이 아프고 혹시나 큰 병이 아닐까 걱정이 됩니다. 가족들은 힘들겠다고 걱정은 하지만 누구도 돌봐주지는 않습니다.

아들도 마찬가지 아들 집에 가서 잠시 맡기도 성당에 갔다 오면 그 시간을 같이 있어 주지 못하고 힘들어합니다. 본가에 가도 마찬가지 30분도 못 있고 우리 집으로 데리고 옵니다. 온전히 내 몫입니다. 요즘은 뭔가를 주머니에 넣고 옵니다. 볼펜도 써다 놔두면 없어지고 지갑도 없어지고, 돈도 빼가고 감추는게 일이고 침대에 컵이나 물건을 즐비하게 갖다 놓습니다. 치우면 또 가져가고 외출하고 오면 온 집을 뒤집니다. 주머니가 불룩하게 되어도 비집어 넣습니다. 낮에는 자고 밤에는 깨어 있으니 잠을 푹 잘 수가 없습니다. 하지만 낮에 자기에 그 시간에는 나가서 내가 배우고 싶은 것을 배우고, 하고 싶은 일을 하고 있습니다. 어디론가 멀리 간다는 것은 상상도 못 합니다.

폰을 바꾸어 주고는 전화를 자주 하지 않아 편하긴 하지만 전화해도 못 받고, 혹시나 도우미 앱을 깔아두어 나가면 찾을 수 있게 하는 용도로만 사용합니다. 화장실도 물어서 가고, 뒷정리도 제대로 안 하고 나오고, 오줌도 이불에 가끔 싸고 점점 나빠지고 있다는 것이 보입니다. 그런데 아무도 모릅니다. 말하지 않으면. 말을 해도 믿지 않아요. 대화해 보면 멀쩡하니까 내가 거짓말하는 걸로 오해받기도 해요. 같이 있어 본 아들은 엄마 힘들겠구나! 이해하지요. 그렇지만 아빠랑 있는 건 못한대요. 어디를 가도 데려가면 마음이 편한데 대중교통은 이용하지 못해요. 언제 화장실을 갈지 소리를 지를지 모르니까. 매일 이 얼음판 위를 걷는 듯한 마음으로 불안해하며 살아가고 있습니다. 남편을 온전히 맡기고 하루라도 맘 편히 쉬어봤으면 좋겠어요.

📖 경북 행복 도민 대학생 후기

경북 행복 도민대학생이 되면서 적어 달라고 해서 썼던 글이에요.

작년에 1기 신청하지 못해 아쉬웠는데 올해 2기로 신청할 수 있게 되어 무척 기뻤습니다. 목요일 매달 우리 단체에서 봉사하는 날이 둘째 주라 몇 번을 빠져야 하나 세어 보기도 하고 망설임도 많았지만, 봉사는 내년에 더 열심히 해 주면 되겠지. 회원들에 미안한 마음을 뒤로 하고 도민대학생이 되었습니다. 첫날은 양포동으로 이동하여, 입학하게 되었지요. 그날은 비가 부슬부슬 내렸고, 매번 이곳으로 와야 하면 어떡하나?

입학식에서 설명을 들으니 걱정은 접었지요. 신평동 금오공대 평생교육원에서 한다고 하니 얼마나 고맙던지. 첫날의 교육은 신근식 교수님의 인문학 특강으로 내용 중에 人人人人人 뭐지? 사람이면 다 사람이냐? 사람이 사람다워야 사람이지. 아하~~

얼이 뭔지도 얼빠진 사람, 얼간이, 어리석은 사람, 얼차려, 어른, 어린아이가 어떤 얼로 들어가서 만들어졌는지 퀴즈 맞추기는 들어도 까먹게 되지만 재밌잖아요. 첫날이라 가벼운 내용 웃을 수 있게 준비해 주셨어요. 한글의 위대함을 설명하여 주었고, 대한민국은 경제성장과 민주화를 40년 만에 이룩한 유일한 나라임을 인식시키며 잘 마무리 해주셨어요.

도청에서 하는 입학식에 참여 못해서 아쉽긴 했지만 이렇게 도민의 한사람으로 대학생이 되었습니다.

다음 회차에는 어떤 내용의 강연일까? 기대가 되기도 했고, 매번 끝날 때마다 밴드에 그날의 강연 ppt를 올려주셔서 흑백의 책을 다시 칼라로 볼 수 있게 해주셔서 참 좋았답니다.

올라오지 않으면 기다려지기도 했어요.

공부 못하는 사람이 뒤에 앉는다고 하지요. 근데 저는 공부도 못하면서 매번 앞에 앉아요. 그래서 뒤에 누가 앉았는지 모르고 끝나면 바로 나가게 되어 좀 아쉬운 점은 있었지만, 회장님이 먼저 말 걸어 주고, 안내에서 반겨 주시니 감사하더라고요. 어쩌다 급하게 들어가다 보면 체크 빠지기도 하는데 온 것 같은데 왜 안 했느냐고. 회장님을 잘 뽑은 것 같아요. 솔선수범하며 회원들을 챙겨주시니 말입니다.

미래 관련 내용의 첫 강의는 듣지 못했지만 메타버스 자격 과정을 이수한 제겐 대충 알 수 있는 내용이었고, 5촌 아저씨라 한 번 더 기회가 있었기에 볼 기회가 있으리라.

흥겨운 시간 노래도 같이 불러보고, 성격 검사도 해서 나를 알아보기도 했네요. ISTP였다고 알았는데, 검사해 보니 INFP로 바뀌었네요. 세월이 성격유형도 변하게 하늘 걸 알았습니다. 색채 심리를 하던 날은 남편을 생각하며 네 장을 뽑았는데, 어머나 내용이 어쩜 딱 맞는지. 쓸 수는 없지만 알아주니 위로받았다는 느낌이었어요.

어떤 내용의 강연을 들었는지 일일이 나열하지는 못하지만 매주 들을 수 있는 과정들은 생활에 꼭 필요하고, 들어서 좋은 내용들로 되어 있기에 들을 때마다 마음의 양식으로 풍성해지는 것 같습니다. 어떤 날은 오후에 일정이 있어 단복을 입고 가기도 했는데 강사님들이 한 마디씩 해주시니 부끄럽기도 했지요. 새로운 교육이 뭐가 있을까? 신청하게 되었고, 사진을 좀 더 잘 찍을 수 있게, 건강한 생활을 할 수 있도록, 그리고 옛날의 구미를 알아가기도 했어요. 풍성한 내용으로 도민의 질을 높여 주고, 같이 교육받는 교육생들이 봉사할 수 있게 엮어주는 다리의 역할도 해주는 도민대학도 상반기가 끝나고 한 달여 방학이 주어졌고, 다시 하반기 교육이 시작되었네요. 한주가 기다림으로 이어지고 도민대학이 더욱 많은 생도를 배출하여 도민의 역량을 높여주고, 단합된 도민이 되어 23개 시군의 도민 대 졸업자들이 네트워크를 형성하여 화합하는 방향으로 서로 각 시·군의 장점을 알려주고 관광이나 행사, 나눔이 필요한 부분은 연결해주는, 한 번의 교육으로만 끝나는 것이 아닌 도민대학으로 발전해 나갔으면 좋겠습니다.

90일 만에 작가가 되어 프로젝트 1기로 글을 쓰고 보니 2권째 공저로 이름을 올리기 위해 또 적어 봅니다. 부족하지만 나는 작가다. 라고 ㅎㅎ

같이 책 쓰기를 한 동료들과 함께 기쁨을 나눌 수 있어 행복했습니다.

I'm 짐승Q

짐승Q

I'm짐승 /짐승Q

짐승Q 저 (유페이퍼)

📖 「I'm 짐승Q」전자책 작가 짐승Q입니다

안녕하세요. 한국의 제인구달을 꿈꾸는 짐승Q입니다. 이프랜드 4
기 인플루언서로 활동을 했고 현재는 공식 활동을 하고 있지는 않습
니다. 저는 야생동물 전문가로서 다양한 야생동물과 관련한 주제를 위
주로 밋업을 해왔었고 그간 제가 취미로 해왔던 다양한 도전(동굴, 우
주인 등)과 관련해서도 밋업을 열어왔습니다. 1기 90일 작가 프로젝
트를 통해 제 이름으로 된 첫 번째 전자책을 발간하게 되었습니다. 살

면서 색다른 도전을 할 때면 책을 쓰게 되는 것 같습니다. 한국 최초의 우주인 선발 과정에 참여하며 최종 30인까지 올라갔고, 그 과정을 엮어 30인 공저의 책인 "우주를 향한 165일간의 도전"을 발간한 경험이 있습니다. 코로나로 인해 비대면 환경을 접하는 속도가 빨라졌고 뜻하지 않게 메타버스에 입문하게 되었습니다. 작년 초부터 시작한 MKYU514 미라클모닝을 통해 SK 이프랜드 플랫폼을 본격적으로 알게 되었습니다. 인플루언서 지원도 한국 최초의 우주인 지원처럼 준비과정 하나 없이 우당탕 신청하게 되었습니다. 인플루언서에 합격하고 나서 뜻밖의 일들이 참 많았던 한 해였습니다.

2022년 한해를 돌이켜보면
- 전자책을 발간하였고
- 메타버스 인플루언서로 활동하였고
- 작년에 이어 2번째 민화 전시회에 작품 출품하였고
- 만보걷기 커뮤니티(짐승몬go)를 운영하게 되었고
- 514챌린지를 12개월간 빠짐없이 꾸준히 하여 시조쨱NFT도 발급받았고
- 감사일기도 1년 넘게 쓰고 있고, 그리고 또 한 해를 잘 버티고 살아낸 나

📖 첫 책이 나온 뒤 찾아온 무기력함

첫 번째 책이 나온 뒤 곧이어 다음 책을 준비할 것이라고 야심차게 마음먹었지만 저 또한 글쓰기 습관은 쉽게 생기지가 않나봅니다. 개인적으로는 박사 논문을 마친 뒤 6개월간은 보약으로 밑 빠진 체력을 보충했고 약 1년간은 학위를 마친 학교 근처엔 얼씬도 하지 않았습니다. 저는 초기 적응력도 낮은 편이지만, 뭔가 에너지를 쏟아 부어 일을 마무리 짓고 나면 휴우 증도 상당한 편입니다. 이프랜드를 통해 저를 알게 되신 분들은 제가 흔들림 없이 꾸준하다고 자주 말씀하십니다. 사실 이프랜드를 통해 다양한 기회를 만들어가면서 제 꾸준함이 증폭된 부분은 분명 있습니다. 그러나 저도 시작이 망설여지고 힘들긴 마찬가지입니다. 이렇게 공저로 쓰는 책도 차일피일 미루다 마감기한이 닥쳐서야 쓰고 있으니 말이죠. 괜찮습니다. 흔들림없는 꾸준함은 갖추지 못했지만 이전과 달라진 점은 확실히 있습니다. 시도하다 말거나, 실패하거나 하는 경우에 즉시 그 지점을 알아차리고 딛고 일어설 줄 아는 힘이 생겼다는 것입니다. 이전에는 지나가버린 감정들에 사로잡혀서 그곳에서 답을 찾고자 블랙홀 중심부로 들어가는 느낌이었다면 지금은 그 원심력을 거스르고 박차고 나설 준비가 되었다는 것입니다.

1기 90일 작가 프로젝트로 첫 번째 책을 출판하고 나서 짧은 휴우증을 겪었던 것도 사실입니다. 10월부터 다음 책을 위해 준비를 해왔었습니다. 목차도 첫 번째 챕터의 글도 준비한 뒤 긴 휴식에 들어간

상태입니다. 제 인스타그램(@mammal.q) 피드를 자주 보시는 분들은 잘 알고 있을 것입니다. 사무실을 매일 찾아오는 길냥이 만두를 소재로 에세이를 쓸 계획입니다. 꾸준히 사진과 영상을 찍고는 있습니다. 에세이에 필요한 글을 채우는 게 숙제이긴 합니다. 사진과 영상으로 그 날을 떠올려보며 글을 써보는 것보다는 매일 찾아올 때마다 1~2줄의 문장이라도 다이어리에 남겨봐야겠다는 생각이 들었습니다. 씨앗이 되는 1~2줄의 문장이 있다면 한바닥 풀어서 작성하는 게 어렵진 않을 것 같습니다. 이 글을 쓰면서 불현 듯 다음 책을 이어 쓰는 습관으로 이 시간들을 쌓아 가면 되겠구나 하는 생각이 듭니다. 무슨 일이든 이렇게 씨앗이 필요한 가 봅니다. 올레비엔님 덕분에 글쓰기 감을 다시 찾아가네요. 감사합니다.

📖 I'm 짐승Q 책을 소개합니다.

저의 첫 번째 책은 "I'm 짐승Q"를 소개하고자 합니다. 제 책의 제목은 사실 투고를 앞두고 표지 작업을 하던 중 결정된 것입니다. 처음에는 "INFP 짐승Q의 90일 작가되기 프로젝트"로 기억합니다. 책을 시작하려면 대문격인 제목부터 작성을 해야 된다고 올레비엔님께서 말씀해주신 기억이 납니다. 그래서 즉석에서 처음의 제목을 적었던 기억이 납니다. 지금 와서 생각해보니 첫 제목이 아니었길 다행이란 생각이 듭니다. 글을 다 채우고 표지제작을 하고 1기 90일 작가 프로젝트 단톡방에 인증샷을 올리던 주가 기억납니다. 지금의 표지가 된 그 이미지에 I'm 짐승Q 제목을 적어 단톡방에 올렸습니다. 그때 올레비엔님께서 이제야 책의 색깔이 선명해졌고, 제목 글씨체도 센스 있게 잘 선택하셨다는 취지로 댓글을 달아주신 게 기억납니다. 모든 과정 하나하나가 불확실하고 처음 가는 길목마다 올레비엔님은 확신의 깃대를 꽂아주신 느낌이었습니다. 작가인 적이 없었고 작가를 꿈꾸지도 않은 나에겐 큰 힘이 되어 주었습니다.

출판기념회때 올레비엔님께서 제 책은 개인 브랜딩에 관심 있는 분들과 신규 이프렌즈분들의 교과서로도 추천한다고 말씀해주셨던 게 생각이 납니다. 과찬에 걸맞은 책은 아니긴 하지만 일부 내용들은 브랜딩과 이프렌즈 일반 이용자를 대상으로 작성한 내용을 포함하고 있습니다. 짐승Q의 브랜딩은 책에서 담고 있는 내용 이후에도 계속적으로 진화해가고 있습니다. 진화 과정은 SNS 계정(@mammal.q)을 통해서도 언제든 확인할 수 있습니다. 그리고 아직은 이프랜드에 대한 인지도가 부족한 현실에서 다양한 이프렌즈 이야기들이 책으로 엮어질 수 있기를 기대해봅니다. 저의 4기 이프렌즈 활동 내용에서 멈추지 않고 진화된 내용들을 바래봅니다.

제 책은 크게 2개의 부분으로 구분됩니다. 첫 번째는 꾸준한 습관 챌린지에 대한 내용이고 나머지는 4기 이프랜드 인플루언서 활동을 하며 진행해왔던 밋업에 대한 내용입니다.

첫 번째 부분은 '22년 김미경학장의 MKYU 514 미라클모닝 챌린지와 관련이 많습니다. 올해 1월부터 MKYU에서 진행한 514챌린지에 참여를 하였고 12월까지 1년간 한 번도 빠짐없이 완수를 하였습니다.

그 결과 굿쩨월드 시민권인 nft, 그것도 시조쩨 nft로 받았습니다. 이 nft는 앞으로 굿쩨월드 커뮤니티가 성장함에 따라 가치가 높아지게 됩니다. 거래도 가능한 형태입니다.

제 습관 목록 중 상당부분은 514챌린지가 기본 값으로 설정되어 있다고 해도 과언이 아닙니다. 514챌린지는 오전 5시에 기상해서 매달 1일부터 14일까지 14일간 본인이 이루고자 하는 미션을 수행하는 챌린지입니다. 저는 이 챌린지를 통해 일 년간 감사 일기쓰기 습관을 형성하게 되었습니다. 본격적으로 514챌린지가 시작되기 전 '21.12월 말경 MKYU 유튜브영상 하나를 보다가 감사일기 쓰기로 삶이 바뀐 분이 출연한 것이 눈에 들어왔습니다. 1,000일 가까이 감사 일기를 쓰고 있으며 그로 인해 본인도 삶이 바뀌었고 주변도 달라졌다는 후기를 듣고 그 분의 인스타그램을 찾아 DM을 보냈습니다. 그렇게 '21.12월 마지막 주부터 감사일기 쓰기를 시작하게 된 것입니다. '23.1월 현재 1년 넘게 감사 일기를 쓰고 있습니다. I'm 짐승Q 책을 쓸 당시에도 꾸준히 감사 일기를 쓰고 있었고, 그 내용을 책에도 담아봤습니다.

일찍 기상하는 습관, 감사일기 쓰기 습관과 더불어 집중했던 습관 중 하나가 운동이었습니다. 제 책에서는 포켓몬 go 하며 만보걷기와 근력운동에 대한 내용이 소개되어 있습니다. 젊은 시절부터 여러 운동을 접해보긴 했지만 지금까지 꾸준히 하고 있는 운동은 걷기입니다. 다이어트에도 도움이 되긴 하나, 나이가 들면서 근력 운동의 중요성을

실감하고 있습니다. 그래서 책에서 소개한 것과 같이 운동 유튜버 빅
씨스의 근력 유산소 운동을 꾸준히 해오고 있습니다. 제가 도전하는
여러 종목들이 멈춤 없이 끈기 있게 밀고 나가기 위해서는 체력이 가
장 첫 번째라고 늘 생각하고 있습니다. 그리고 근력 운동이 병행되지
않는 유산소 운동은 효율이 분명 떨어지는 것도 체험으로 터득한 사
실입니다. '23년 1월 현재 새해 계획으로 운동을 생각 중이신 분들께
근력과 유산소를 균형 있게 설정하시길 권해드립니다.

　　2년 전 단시간 내 15kg 감량에 성공하면서 정착한 습관이 하나
더 있습니다. 제 책에서 '일단 나한테 잘하자'란 소제목에서 상세히
풀어 설명되어 있습니다. 하루 세끼 중 한 끼정도는 내 몸에 건강한
음식을 넣어주자는 취지로 시작된 습관입니다. 이제는 아침 루틴의 하
나로 자리 잡았습니다. 가족들이 깨기 전 혼자만의 시간동안 나를 위
해 성스러운 아침 만찬을 준비하는 그 시간이 참 소중하다고 느껴졌
습니다. 내 몸에 좋은 것을 넣어주면 좋은 내가 된다고 믿기 시작했습
니다. 그렇게 2년 넘게 그 일을 반복하고 있습니다. 회사로 가기 전
아침마다 나를 위해 예를 올리는 그 의식이 있기에 치열한 사회생활
속에서도 나를 버려두지 않고 잘 데리고 살아가게 되는 것 같습니다.

　　책에 소개된 또 다른 습관들 목록은 대부분 이프랜드를 시작하며
시작된 것입니다. 대표적으로 1일1짐승 릴스, 1일1민팅 등입니다. 이
중 1일1민팅의 경우 I'm 짐승Q 책을 쓰면서 중단된 습관입니다.
NFT에 대한 이해도 부족한데 공부도 소홀히 하게 되어 결국 책 출판
이후로 미뤄둔 습관입니다. '23년 1월 현재도 중단된 상태이긴 합니

다. 현재는 영어와 운동, 그림그리기에 집중하고 있습니다. '22년에 비해 추가된 습관들이 잘 안착되면 1일1민팅도 다시 시작해볼 생각입니다. 100개 민팅 후 판매를 목표했던 꿈을 다시 펼쳐보고자 합니다.

책 분량의 반 이상을 차지하는 두 번째 부분은 바로 이프랜드 인플루언서 짐승Q의 활동에 관한 보고서입니다. 4기 인플루언서로 활동하면서 정기밋업 12회, 멘토/멘티 밋업 2회, 스페셜 밋업 1회 등 총 15회 밋업을 개최하였습니다. 밋업을 준비하며 느꼈던 생각이나 마치고 아쉬웠던 점 등을 책에 고스란히 풀어서 작성했습니다. 이 부분을 작성하면서 그간 미뤄뒀던 사진을 정리하는 게 큰 일감이었습니다. 책 쓰기 덕분에 그간 미뤄왔던 사진 정리를 할 수 있었습니다. 감사한 일이네요.

4기 인플루언서로 활동하며 밋업을 준비하는 시간들도 밋업을 진행하던 시간들도 마치고 sns에 후기를 남기던 시간들도 모두 소중하고 즐거웠던 기억이 남습니다. 이프랜드 앱 자체적으로는 밋업 전체를 녹화 본으로 남겨놓지 못하는 단점이 있습니다. 물론 컴퓨터와 연결하여 미러링을 통해 녹화를 매번 해두신 분들도 있는 것으로 알고 있습니다. 비록 내 밋업을 동영상으로 녹화한 기록은 남겨두지 못했지만 I'm 짐승Q 책에 활자로 기록을 남겨놓을 수 있어 다행이라고 생각합니다. 그리고 책자에 다 옮겨 담지는 못했지만 강연에 사용했던 발표 pdf도 날짜별로 노트북에 잘 정리되어 있습니다. 시간이 지나 다시 인플루언서 활동을 하게 될 때 다시 들춰볼 자료들이 남아있음에 감사하게 생각하고 있습니다. 책을 쓰면서 아쉽게 생각한 부분은 매번 밋업을 진행한 뒤 지체하지 않고 짧게라도 일기를 써두는 게 필요했을 것 같다는 생각이 들었습니다. 생생한 감정 선이 잘 담겨진 일기장 기록이 있었다면 훨씬 글이 생동감 있게 작성되었을 것 같습니다. 그리고 밋업 사진들도 여러 장 담아보고자 노력해봤지만 sigil이라는 편집 프로그램 사용이 미숙하다보니 결국 밋업 1회당 1장의 사진만 겨우 담았습니다.

90일 작가 프로젝트 1기에 함께하신 분들 중 pdf 전자책으로 대부분 발간을 했고 내 책이 처음으로 sigil 편집 프로그램을 이용하여 출판하게 되었습니다. 시길 편집 프로그램 사용법을 혼자서 익히기 어렵다보니 올레비엔님의 시간을 빼앗아가며 마무리 지을 수 있었습니다. 시간적으로 여유가 없다보니 페이지 삽입, 그림 삽입, 글 정렬 등 기본적인 편집들로만 마무리할 수밖에 없었습니다. 마무리 짓고 나니 아쉬운 부분이 많이 있긴 합니다. 특히 사진 삽입 시 페이지 내 배치와 크기 조절 등에 대한 세부적인 사항을 신경 쓰지 못하고 넘어간 게 가장 아쉽습니다. 다행히도 올레비엔님께서는 5기 이프랜드 인플루언서 활동동안 진행했던 90일 작가 프로젝트 과정 모두를 유튜브에 상세하게 영상으로 업로드 해두었습니다. 6기 동안에는 네이버 프리미엄 콘텐츠 유료 영상으로도 서비스를 제공하는 것으로 알고 있습니다. 올레비엔님은 대담한 기획을 실행하고, 그것을 통해 경력을 쌓은 뒤 수익화까지 해내는 실력이 참 존경스럽습니다.

📖 책을 쓰는데 꼭 필요한 것들

책을 투고한 날이 9월초로 기억됩니다. 투고한 그 날이 가장 허탈하다고 생각했었는데, 생각보다 주기적으로 허탈감이 찾아오는 것 같습니다. 90일 작가 프로젝트 커뮤니티에서 지켜봐주는 분들의 응원, 눈치 등이 있어 위안을 받아가며 버틸 수 있었던 것 같습니다. 그런데 이제는 2기 프로젝트에 참여하고 있지 않고 오롯이 혼자서 글을 써야 되는 입장입니다. 둥지를 떠나보니 보이는 것들이 있습니다.

- 글쓰기 커뮤니티 참여 : 90일 작가 프로젝트를 시작할 무렵 1년째 혼자 글쓰기를 하는 친구 한명이 생각났습니다. 그 친구는 혼자서 1년 넘게 글을 쓰고 있지만 마감을 하지 못하고 있었습니다. 결국 고가의 글쓰기 컨설팅 서비스를 구독하고 '22년 말에 투고를 했습니다. 그 친구의 경우를 보면서 글쓰기를 함께한다는 것이 얼마나 중요한지 알게 되었습니다. 이프랜드 일반 이용자라면 올레비엔님의 90일 작가 프로젝트에 참여하실 것을 적극 권유 드립니다. 참고로 1기때 30명이 안 되는 인원이다 보니 단톡방에서의 소통도 부담감 없었던 게 있었습니다. 글쓰기 커뮤니티를 선택하실 때 유명세보다는 실속 있는 팀을 찾는 게 핵심일 것 같습니다.

- SNS 인증 : 글쓰기는 결국엔 혼자라는 사실은 부인할 수 없습니다. 그러나 타인의 힘을 빌어서야 결국 마무리되는 과정임도 부인할 수 없습니다. 나는 내향적 성격이지만 타인의 관심을 즐기는 편입니

다. 그래서 SNS(인스타그램 @mammal.q)에 주1회 피드로 한주 글쓰기 분량을 꾸준히 올렸었습니다. 기록용으로 디스코드에도 글 전체 분량과 진도 확인이 가능한 목차 인증샷을 올려두었습니다. 인스타그램에 피드 올릴 때는 커뮤니티에 함께 참여하는 분들도 태그를 해서 응원과 격려 댓글로 힘을 얻곤 했습니다. 혼자 결정한 약속이기는 하나 지켜보는 눈들이 있다고 생각하니 습관이 되어 꾸준히 SNS에 글쓰기 인증을 올렸던 것 같습니다.

- **실시간 글쓰기 밋업** : 90일 작가 프로젝트를 하며 상시로 글쓰기 밋업이 개설되었던 점도 글쓰기에 큰 도움이 되었습니다. 프로젝트의 리더인 올레비엔님께서도 주로 저녁시간에 자주 밋업을 열었습니다. 글쓰기가 어느 정도 마무리되신 분들도 자주 드나들었지만 글쓰기 방향을 잡지 못한 분들도 찾아오셨던 걸로 기억합니다. 올레비엔님은 늘 글쓰기를 힘들어하시는 분들에게 가볍게 질문을 던지고 실마리를 찾아주려고 많이 노력하셨습니다. 이프랜드에 글쓰기 방이 열리면 책을 쓰는 사람뿐만 아니라 책쓰기와 무관한 사람들도 자주 다녀갔었던 기억이 납니다. 랜드에 들어가 대화를 나누기도 하고, 소리를 끄고 10분, 20분 시간을 정해두고 집중해서 글을 쓰기도 하였습니다. 프로젝트에 참여하는 사람들은 누구든 글쓰기 랜드를 개설했습니다. 저도 글쓰기가 마무리되어가던 8월중순경 기억에 남는 글쓰기 랜드가 있습니다. 퇴근 후에는 가사와 육아의 시작인지라 글쓸 시간이 늘 부족했었습니다.

그래서 어느 날 오후 반차를 내고 집으로 향하지 않고 동네 스타벅스에 갔습니다. 그리고 음료를 시키고 픽업대와 가까운 곳이 그나마 조용한 좌석이었고, 그곳에 자리를 잡고 노트북을 펼쳤습니다. 부슬부슬 비가 내리던 오후였습니다. 커피향과 분주한 바리스타의 움직임, 그리고 막바지 무더위에 습한 공기 그러나 시원한 에어컨 바람이 준비된 환경이었습니다. 습관처럼 이프랜드에 접속해 글쓰기방이 개설되었는지 확인해보았습니다. 개설된 랜드가 없는 것을 확인한 뒤 '스타벅스 asmr 글쓰기' 랜드를 열었습니다.

생각보다 많은 분들이 다녀갔습니다. 저와 친분이 있는 이프렌즈부터 일반 이용자까지 다양한 분들이 마이크를 켜고 말씀도 나누고, 좋은 음악도 공유해주셨습니다. 지금처럼 이프랜드내 노래방이 흔하지 않던 시절이라 기꺼이 노래를 부르겠다고 나서는 분은 없었습니다. 랜드를 찾아와준 분들의 간섭이 오히려 저를 더 지켜봐준다는 생각이 들었습니다. 카페의 백색소음처럼 채팅창의 대화나 오디오로 소곤대는 소통이 불편하지만은 않았습니다. 지켜봐주시는 분들 덕분에 그날의 분량을 채우고 엉덩이를 떼고 집으로 향할 수 있었던 것 같습니다.

글쓰기를 하면서 늘 일어나는 감정이 있습니다. 글을 쓰지 못할 이유가 100개는 넘지만 쓸 이유는 몇 개 안되는 구나! 그럼에도 쓸 수 있었던 것은 한 가지 믿음이었습니다. 글을 쓰는 나와 안 쓰는 나만 있다고 믿고, 잘 쓰는 나와 못 쓰는 나는 없다고 믿었던 것입니다. 이 원리는 살면서 여러 면에서 도움이 되고 있습니다. 예를 들어 만보 걷기의 경우에도 걷는 나와 안 걷는 나만 있고, 잘 걷는 나와 못 걷는 나는 없다고 믿으며 오늘도 걷기를 하고 있습니다.

- **이만하면 괜찮다고 나 스스로 위로해주는 용기** : 글을 써본 사람들은 공통적으로 겪어본 감정이 있을 것입니다. 이렇게 써서 과연 책으로 낼 수 있을까? 글쓰기 수준이 딱 요만큼밖에 안되는 것인가? 이 글을 다른 사람에게 보여줄 수 있을까? 맞춤법과 띄어쓰기도 안되는 글로 엮은 책이 출간될 수 있을까? 누가 내 글에 관심을 주기나 할까? 살아온 세월대비 이룬 것이 없는 내가 책을 내는 게 마땅한가? 등 이런 질문들로 나 또한 자주 글쓰기를 멈추고 한발도 내딛지 못할 듯이 주저앉아버린 적도 많았습니다. 책 쓰기를 마감하기까지 치열하게 자신과의 싸움이 이어집니다. 이때 싸움에서 지지 않고 이기는 연습을 꾸준히 하신 분들이 결국엔 책을 내신 분들이라고 생각하고 있습니다.

제 책에서도 소개되었던 '감사 일기쓰기' 습관은 책을 마감할 수 있는 큰 원동력이 되기도 했습니다. 일상의 감사함을 꾸준히 찾는 버릇이 있다 보니 자존감도 올라가고 나에 대한 효능감도 자주 느낄 수 있었습니다. 그 힘으로 결국 책을 출간할 수 있었다고 믿고 있습니다. 살아가면서 꼭 갖춰야할 무기 중 하나가 셀프 위안 키트라고 생각합니다. 여러분들은 스스로를 위안할 수 있는 키트로 무엇이 있으신가요? 키트안에는 꾸덕한 브라우니, 제주올레길, 감사일기 등 다양한 것들이 들어있습니다. 글쓰기를 하면서도 스스로를 위로해줄 수 있는 힐링 키트가 잘 준비되어 있다면 훨씬 잘 마무리할 수 있지 않을까 생각이 듭니다.

📖 아무도 읽지 않는 책을 마감하고
이젠 제가 읽습니다.

I'm 짐승Q 책이 9월말경 출간된 이후로 적극적으로 홍보도 하고 있지 않았습니다. 어차피 아무도 읽지 않을 책이었고 마감하는 그 연습을 위해 글을 썼던 이유이기도 했습니다. 그렇게 한달여 시간이 흘러갔습니다. 문득 내 책을 내가 직접 읽어보면 어떨까 생각이 들었습니다. 그렇게 해서 2022년 10월 24일 첫 오디오북 밋업을 개설하였습니다. 딱 10분만 읽었습니다. 사전 연습 없이 즉석에서 읽었고 보통의 밋업과는 달리 참여자들이 입장했을 때 별도의 인사도 나누지 않았습니다. 마이크도 호스트에게만 부여했습니다. 10분 동안 이프랜드 화면을 쳐다보지 않고 책만 읽는 밋업이었습니다. 평일 오전7시에서 7시 10분까지 꾸준히 책을 읽었습니다. 결과적으로 총 23회의 10분 오디오북 밋업을 통해 책을 다 읽었습니다. 밋업에서 육성으로 읽은 오디오를 모두 녹음을 하였고, 그 기록을 흐름의 캐스트와 유투브 영상으로 놓치지 않고 기록해두었습니다. 2022년 12월 5일에 마지막 녹음을 마쳤습니다.

책을 투고하기 전에도 소리 내어 읽어보며 대폭 수정을 하였던 글이었습니다. 그런데 10분씩 오디오북으로 제작하며 읽다보니 어색한 문장이 참 많았습니다. 약속할 순 없지만 개정판을 준비한다면 여러 차례 소리 내서 읽어보고 잘 다듬어서 출판해야겠구나! 생각했습니다. 내 책을 다 읽은 후에도 공저로 출판한 책 "우주를 향한 165일간의 도전"을 매일(평일) 10분씩 읽고 있습니다. 이 책의 경우 출판사의 편집을 거친 책이어서 읽기가 훨씬 쉽습니다. 아니면 2달간 읽는 연습이 되어 있어서 몸의 긴장감이 낮춰진 걸까요? 어찌되었건 매일 10분씩 책읽기 습관도 생기고, 매일 7시면 10분 오디오북을 찾아오는 단골손님도 생기고 있습니다. 이 자리를 빌어 감사의 인사를 전하고 싶습니다. 내님, 엔지니님, 힐링조이님, 막대사탕님, 이유유님, 흄쌤님, 유칼립투스님, 예쁜체리님 감사합니다. 특히 내님의 경우 한 번도 놓치지 않고 밋업 인증 사진을 예쁘게 편집해서 DM으로 아침마다 보내주셔서 감사합니다. 덕분에 매일 인스타그램 스토리에 빠짐없이 업로드할 수 있었습니다.

📖 해본 사람에서 해내는 사람으로

2022년 해본 경험 중에 계획하지 않았는데 완성한 것이 바로 전자책 발간입니다. 간절히 계획한 일들인데도 완성하지 못한 것도 많지만 그로인한 아쉬움보다는 뜻하지 않은 성공이 더 없이 반갑게 다가

옵니다. 그 어떤 도전보다도 성과물로 확인할 수 있고 보람도 컸던 일이 바로 책의 저자가 되는 일임을 알게 되었습니다.

90일 작가 프로젝트를 통해 전자책 발간을 해본 사람이 되고 나니 가장 큰 변화는 계획하지 않은 일도 애를 써서 마감을 하는 습관이 생겼다는 것입니다. 그리고 나의 도전에 대해 신뢰어린 눈빛으로 응원해주는 분들도 늘고 있다는 느낌을 받게 되었습니다. 물론 초창기에도 서로 응원해주시던 분들이긴 했으나 뭔가 내가 이뤄내는 과정을 지켜봐주신 이후에는 믿음의 두께가 달라진 느낌이 들었습니다. 그렇게 저는 무엇인가 해본 사람을 넘어 해내는 사람으로 거듭나는 중입니다.

2023년 새해가 밝은 지 1주일이 넘어가고 있습니다. 새해가 되면 부담될 정도로 여러 가지의 새해 계획을 세우게 되는 것 같습니다. 이 부분에 있어 달라진 습관이라면 새해 계획은 항상 12월초부터 세우면서 그 해 마지막 날과 새해 첫날을 가벼운 마음으로 넘기는 것입니다. 제 책에서도 그리고 제 카톡 프로필에도 한결같이 담고 있는 문구가 있습니다. Hot and light입니다. 모든 일에 열정을 가지고 뜨겁게, 그러나 가볍게 하자라는 모토를 지니고 살아가고 있습니다. 첫 번째 전자책 발간 이후 다음 책을 언제쯤 내게 될지 기약할 순 없지만 부담감을 조금 내려두고 가벼워진 마음으로 시작할 생각입니다.

1기 90일 작가 프로젝트에 동참한 분들과 공저 책을 함께 출판할 수 있는 기회를 가질 수 있어 더없이 영광입니다. 해본 사람들의 힘을 빌려 이 책을 이렇게 또 마감할 수 있어 이 자리를 빌어 감사한 마음 전하고 싶습니다. 작가의 세계에서 멋진 작품들로 만나 뵐 수 있기를 고대합니다. 대면한 적 없지만 이렇게 큰 프로젝트도 해내는 1기동기 분들 멋지고 사랑합니다.

해외영업 바이블

최영(영업의신조이)

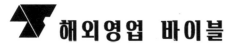
해외영업 바이블
/최영(영업의신조이)

최영 저 (대경북스)

📖 **왜 책을 쓰고 싶었나?**

석유 한 방울 나지 않는 우리나라 대한민국은 지하자원이 부족한 국가이다. 그리고 북으로는 북한이 가로막고 있기 때문에 러시아, 중국 그리고 유럽 쪽 진출도 어려운 고립된 섬나라와 같은 지정학적 위치에 놓여있는 나라이다. 그렇기 때문에 숙명적으로 무역을 하지 않으면 생존이 불가능한 구조로 되어있다. 우리는 무역을 통해서 외화를 벌어들여야 하고 무역 가운데에서도 특히 수출에 집중을 해야 하는 것이 현실이다.

우리나라는 전체 기업의 99.9%가 중소기업이며 전체 고용의 82%도 중소기업이 차지하고 있다. 그리고 대한민국 중소기업은 10곳 중 9곳은 개인 기업으로 구성되어있는 특징을 가지고 있다. 우리나라가 잘 살기위해서는 수출을 활성화해야 하고 수출을 강화하기 위해서는 중소기업들의 글로벌 경쟁력이 있어야 한다. 기업이 경쟁력을 가지려면 국제 시장의 시기와 상황에 맞는 제품 및 서비스는 기본으로 갖추어져 있어야하고, 해외영업을 위한 자체 독립 조직 및 인력의 구성도 탄탄하게 준비되고 운영 되어야 한다.

하지만 안타깝게도 여러 가지 이유로 인하여 내수 시장만 의지하면서 수출의 기회를 잡지 못하는 중소기업들이 너무 많다. 크게는 두 가지로 구분하여 볼 수 있는데, 하나는 현재 기업이 특수한 외부 환경적 장애 요소에 처한 경우이고, 다른 하나는 내부 역량 부족으로 인해 수

출의 판로를 열지 못하고 있는 경우이다. 외부 환경적 요인으로는 전쟁, 재난 그리고 기타 전 세계적 경기 순환에 의한 환경적 어려움에 노출되는 경우가 있겠고, 내부 역량 부족의 요소에는 기업 내부의 조직 및 인원 구성과 글로벌 시장에 적합한 역량에 대한 부족한 부분이 있을 수 있다.

가끔 정부기관 주관으로 중소기업을 위한 수출지원 간담회가 열리곤 한다. 이 모임에서 다양한 제품을 수출하고 있는 중소기업 대표 및 운영진들을 만나볼 수 있다. 그들은 한국 중소기업들이 현재 처한 수출의 어려움들과 다양한 내외부적 애로사항들을 이야기한다. 결론적으로 간단히 정리하자면, 좋은 제품 및 서비스 그리고 고품질의 상품은 이미 준비되어 있으나, 해외 시장 판로를 열지 못하고 있거나 힘들게 시장을 개척했다 하더라도 지속적인 관리가 되지 않아 세계 시장에서 성공을 못한다는 것이다. 이는 매우 안타까운 현실일 뿐만 아니라 수출 주도형 국가인 대한민국에서 당장 해결해야 할 시급한 문제 중 하나이다.

해외 시장 판로 개척과 영업 활성화 및 시장의 규모 확대를 위해서는 몇 가지 매우 중요한 필요 요소가 기본적으로 준비 되어있어야 한다. 우리 기업들에게 공통적으로 필요한 요소 중 시급하게 준비 되어야 하는 것은 인력이다. 우선 해외영업 업무를 수행할 수 있는 영업사원과 해외영업팀이 필요하다. 또한 해외영업 조직 내 구성원들의 역량도 반듯이 준비 되어야 한다. 다양한 업무별 요소요소에 적절히 배치

된 인력들이 자신의 역량을 발휘하여야만 시장 개척과 수출 활성화를 이룰 수 있기 때문이다.

하지만 우리 기업들의 현실은 너무나 부족했다. 해외영업을 위해서는 영업조직과 마케팅 조직이 유기적으로 움직여 줘야 한다. 하지만 기업 내 해외영업 조직은 보통 3~5명 정도이고, 마케팅에 대한 조직은 대부분 없기 때문에 영업사원이 마케팅 업무도 병행해야하는 경우가 대부분이다. 또한 해외 시장에서 접수된 고객(바이어)의 불만을 해결해 줄 조직도 준비되어있지 않기 때문에 국내 영업을 지원하고 있는 고객 지원팀에게 요청하여 도움을 받아야 하는 것이 현실이다. 해외영업팀 독자적으로 즉시 대응을 해주어하는 긴급 사안들도 다른 부서에 도움을 요청하거나 사정을 해야만 필요 인력이나 지원을 받을 수 있다. 좀 더 심한 경우는 개발자들이 직접 영업까지 뛰어야 하는 상황도 발생한다.

신입으로 해외영업팀에 취업하거나 다른 회사에서 이직하여 입사한 경우에도 이런 문제는 해결되지 않는다. 영업사원들은 조직적으로 부족한 환경에서 체력적으로 상당한 피로를 느끼게 되고 그 피로는 육체적인 부분에만 발생하지 않는다. 해외 시장은 넓고 판매할 국가 수는 매우 많다. 그렇기 때문에 기업 대표가 기대하는 영업사원의 단기 실적 목표는 상당히 높게 설정되어진다. 하지만 영업사원들은 현실적인 한계 즉 부족한 조직과 여건들로 경영진의 기대 실적을 결국 맞추지 못한다. 영업사원들은 매출 숫자로 모든 업무 능력을 평가 받는다. 그렇기 때문에 기대 이상으로 세팅된 매출 수치와 신 시장 개척에 대한 압박들이 상당한 스트레스로 정신적 피로 도를 가중시킨다. 이런 경영진의 기대감과 실적 압박은 실무진에게 큰 괴리감으로 다가오고, 이와 같은 심적 부담과 불편한 상황들의 반복은 중소기업 해외영업팀의 이직률을 증가 시킨다.

해외영업은 국가별로 축적된 지식과 노하우 그리고 모든 관련 데이터베이스가 유기적으로 공유되고 연동되어야만 성공적으로 진행이 가능하다. 하지만 잦은 인원 교체로 인해 중요 시장 및 신규 시장의 정보들은 지속 관리되지 못한다. 이것이 우리 대한민국 수출 주도형 중소기업의 현실이다.

이런 현실적인 기업들의 상황을 지켜보면서 문득 '내가 할 수 있는 일이 무엇일까?' 고민을 하게 되었다. 그러던 중 18년 동안 내가 경험한 국제무역에서 축적된 노하우들을 더 많은 사람들에게 나눠야겠다고 생각했다. 물론 30년 이상 이쪽 분야의 노하우를 가지고 계신 분들도 많이 계신다. 하지만 우리 기업들의 현실적 한계를 포함하여 인력 관리의 연속성 부족으로 인해 해외영업의 진정한 고수들의 축적된 노하우와 데이터들은 각자의 노트북 또는 심장 안에서만 숨 쉬고 있다. 그렇기 때문에 필자는 해외영업인 및 해외영업인을 꿈꾸는 후배들을 위한 잘 정리된 가이드북이 필요하다고 생각했다.

누구나 쉽게 읽고 쉽게 이해할 수 있는 잘 정리된 책 한 권이 아쉬운 시점이다. 안타깝게도 이것을 만족 시켜줄만한 책을 필자는 시중에서 찾지 못했다. 그래서 사명감을 가지고 이번 책을 집필하게 되었다. 이 책한 권으로 해외영업 업무를 진행하는데 있어 조금이나마 도움이 되었으면 한다. 이 책한 권으로 신규 시장의 개척 및 활성화를 이루는데 조금이나마 도움이 되었으면 한다. 이 책한 권으로 해외영업을 꿈꾸는 이들에게 간접적으로 체험할 수 있는 기회를 제공하고 보다 정확하게 해외영업을 이해하는데 조금 이나마 도움이 되었으면 한다. 이런 이유를 바탕으로 수년간 가이드를 준비하게 되었고 90일 작가 프로젝트를 만나 이렇게 <<해외영업바이블>> 이라는 이름의 책으로 세상에 얼굴을 내밀게 되었다.

초등학교 졸업식에서 고희경 담임선생님께서 졸업 축하 카드를 써 주셨다. "배워서 남 줘라" 본인은 아직도 그 순간을 선명하게 그리고 아주 생생하게 기억한다. 그리고 그렇게 살아가려고 노력한다. 이 책도 본인 인생의 조각 중 그 가치의 노력의 한 조각이라고 이해해 주길 바란다. 필자의 18년 현장 노하우를 고스란히 한권의 책에 담아냈다. 이것이 이 책을 쓰게 된 이유이며 목적이다.

📖 작가가 되는 것이 꿈이었나요?

한 번도 작가가 되어야지? 책을 써야지? 라는 생각을 해 보지 않았다. 그냥 순간순간 내가 소속된 조직에서 언제나 최선을 다해왔고, 본인에게 주어진 임무를 책임감을 가지고 이행하며 살고 있다. 하지만 대한민국 중소기업의 해외영업팀 또는 글로벌 사업부 조직의 문제점을 알게 된 다음부터는 그 빈틈을 메꾸어줄 가이드 매뉴얼이 있으면 좋을 것 같다는 생각은 항상 하고 있었다.

그렇게 살아오다보니 어느새 아래와 같은 삶을 살아오고 있다는 것을 알게 되었다.

*18년차 해외영업 '인'으로 중동·아프리카 AM(지역 담당 영업사원)을 시작으로 의료기기 분야 해외영업 팀장, 마케팅 팀장, 영업 & 마

케팅 총괄 부문장까지 역임하였고, 현재는 의료기기 부문CMO(Chief Marketing Officer) 활동 중(135개국 수출)

*새로운 세상의 선구자 '영업의신조이' 브랜드(부캐)로 SKT 이프랜드(ifland) 메타버스 플랫폼 4기, 5기, 현재는 6기 인플루언서로 활동 중에 있으며, 해외영업, 전략마케팅 그리고 설득 노하우 등 영업적인 부분을 다루는 특강 밋업/Meet-up 270회 이상 진행 중

*여행을 사랑하는 '지구별여행자'로써, 아내와 함께 365일 동안 세계여행을 마쳤습니다. (5대양 6대륙 50여 개국), 다양한 국가의 문화와 사람들을 만나고 경험

*신기술에 끌리는 '무역인' 으로써 수출뿐만 아니라 수입 부분에서도 관심이 많았고, 특히 반도체, RFID/하이패스, 태양광, 나노잉크, OLED 그리고 우주진공챔버 기술 도입까지 영국·미국·독일의 선진 기술을 우리나라의 삼성, 엘지, 하이닉스에 이전 성공

이렇듯, 필자는 3~4개의 다른 페르소나를 가지고 살아오고 있다. 하지만 해외영업바이블 이 책이 나오기 전까지는 본인은 모르고 있었다. 이 모든 각각의 페르소나의 최적화된 하루하루 누적된 삶의 결과들이 이 책의 필수 요소로 사용된 것임을 본인은 책을 내는 과정을 통해서 비로소 알게 되었다.

책을 쓰는 것이 꿈은 아니었으나, 이 책을 통해 나의 꿈인 "배워

서 남 줘라"의 가치를 실현할 수 있게 되었고 앞으로도 그런 삶을 살아 갈 것이다.

📖 책을 쓰고 나서, 달라진 점이 있나요?

이 책 해외영업 바이블은 해외영업의 모든 것이 기록되어있고 쉽게 설명되어 있다. 이렇게 도움이 되는 유용한 실용서적들은 최대한 많은 기업들에게 그리고 많은 해외영업'인'과 무역'인'들에게 전달되어져서 계속 읽혀지고 지속적으로 학습되어져야 한다. 그리고 현장에서 실무적으로 해외영업팀에서 바로 적용하여 해외 시장 개척 및 영업 활성화를 이루는데 사용이 되어야 한다.

그러기 위해서는 많은 이들이 찾아 볼 수 있도록 다양한 광고와 홍보가 선행 되어야 한다. 그렇기 때문에 본인은 해외영업바이블 출판 이후 각종 SNS나 다양한 채널과 방법들을 통해 이 책을 홍보하는데 현재 집중을 하고 있다. 그로인해 다른 활동이 많이 줄어든 것은 사실이다. 내 삶에 새롭게 추가된 바쁜 일정들로 인해 다른 활동에 제약이 있는 것도 사실이지만 긍정적인 부분도 있다. 가족들이 본인을 바라보는 시선이 조금은 달라졌다. 물론 친구들도 그렇고 회사에 직장 동료들도 마찬가지다. 이전의 나와 지금의 나는 동일한 사람이다. 하지만 내가 살아오면서 그들과 관계와 인연을 맺어오면서 이렇게 400페이지에 해당하는 나의 생각과 가치관을 집중력 있게 설명해 본적도 없거니와 그렇게 이야기를 할 상황도 지금껏 단 한 번도 없었다. 그렇다보니 그들도 본인의 형태적 페르소나는 익숙해졌지만 진정 본인에 대한 깊이와 폭 그리고 그 진동은 알아차리지 못하고 지금껏 관계 맺고 그렇게 살아온 것이다.

하지만 책을 통해서 나의 가족, 친구 그리고 소중한 인연들은 2~3시간을 내고 정신을 집중하여 나를 기록한 책을 읽어 내려갔고 나를 이해하려 했으며 나의 생각과 마음을 공감하려 노력해 주었다. 다시 한 번 강조하며 말하지만 나는 이전의 나와 지금의 나는 동일하다. 하지만 이 책한 권을 통해 나는 진정한 나를 내 주위에 있는 내가 사랑하고 소중히 여기는 사람들에게 나를 오롯이 알리는데 성공하게 되었다.

📖 책을 쓰고 나서, 느낀점

이 책이 나오고 나서 변화가 있다면 바로 이점이 가장 큰 핵심적 변화인 것 같다. 물론 주위 사람들도 나에 대한 이해와 인식의 변화도 있겠지만 내 스스로에 대한 변화도 강하게 나탔다. 나도 나를 잘 파악하고 있지 않았다. 하지만 글을 한자 한마디 한줄 한 페이지 한권을 써 내려가면서 나는 나를 다시 한 번 진중하게 바라보았고 생각하였고 이해하려고 노력하였다. 그리고 비로소 참 나를 발견하고 알게 되고 느끼게 되었다. 이제야 발견하게 된 나에게 그리고 지금껏 이 순간을 인내하고 기다려준 나에게 미안하고 고마웠다.

혹시 스스로를 알고 싶거나 본인에 대해 좀 더 공부하기를 원하는 사람이 있다면, 자기를 위한 책을 써보는 것을 추천한다. 책을 완성하면 느끼게 될 것이다. 내가 책을 쓰기 이전의 나와 지금의 나는 동일하나 나를 바라보는 나는 상당히 많이 성숙해 있다는 것을 너무도 쉽게 알게 될 것이다. 그리고 그 앎의 깊이와 폭 너비만큼 나를 더 사랑하고 배려하고 아껴줄 것이다.

나는 알지 못했다. 나를 알아가고 사랑하는 방법 중 그 하나가 글을 쓰고 책을 출간하는 일이 될 수도 있었다는 것을, 그리고 그 효과와 파워가 이리 크고 강력했는지를 나는 알지 못했다. 하지만 지금은 안다.

📖 책을 쓰는 과정에서 어떤점이 가장 어려웠나요?

책표지를 만들거나 목차를 정리하는 것은 그리 어렵지 않았다. 하루 하루 글을 써 내려가는 것도 그리 어렵지 않았다. 하지만 가장 힘들었던 때를 떠올려 보자면 그때가 아니었나 싶다. 책의 콘셉트가 바이블 이라는 테마를 충족해야 했기 때문에 해외영업, 무역실무, 마케팅, 고객 불만대응, 기타 전략적 경영법까지 총 5가지를 모두 한권에 넣으려고 했었다. 하지만 글을 써내려가면서 조금씩 알게 되었다 1,200페이지가 훌쩍 넘어 버릴 것이라는 것을······.

그래서 과감하게 해외영업, 마케팅, 무역실무로 그 범위를 대폭 축소하는 작업을 진행 하였다. 지금껏 써왔던 목차를 시작으로 상당한 본문 내용까지 전면 수정 되었다. 하지만 이것도 끝은 아니었다. 중간 중간 글을 써내려갈수록 무역실무 챕터도 제외가 되었다. 다시 또 한번의 대공사가 시작되었다. 이렇게 2~3번을 초고를 뒤집는 상황이 발생하였고 그럴 때마다 그만두고 싶은 생각이 너무나 강렬하게 밀려왔다. 하지만 언제나 그렇듯 엎친 데 덮친다고 장시간 수정한 초고가 노트PC의 문제로 저장되지 않고 그날 홀딱 날아가 버렸다. 정말이지 이 때는 4시간 동안 머리만 붙잡고 있었던 것 같다. 너무나 지치고 힘들 였기에 그냥 다 그만 두고 싶었다.

하지만 그때그때 마다 리더인 올레비엔님과 주위 90일 작가되기 프로젝트 멤버들의 위로와 응원으로 다시 글을 써내려갈 수 있었다.

그리고 이렇게 최종적으로 초고를 완성하게 되었다.

이 페이지를 통해서 꼭 다시 한 번 이야기 해 주고 싶다. 올레비엔 님과 여러분들이 없었다면 이 책은 세상에 얼굴을 소개 하지 못했을 것이라고 너무나 고맙고 또 고맙다고 그리고 깊은 감사의 말을 무겁고 귀하게 다시 한 번 더 전하고 싶다.

📖 책 쓰기 전과정을 통해서 예상하지 못했던 일

책을 쓰는 일도 쉽지 않았지만 출판사 투고하는 작업도 만만치 않았다. 처음에는 10곳만 시도해도 쉽게 투고에 성공 할 줄 알았다. 하지만 책이 실용서적인데다가 해외영업이라는 아주 협소한 독자층을 가지고 있기 때문에 매번 출판사로부터 긍정적인 대답을 받지 못했다. 20곳 50곳 100곳 이렇게 투고한 출판사의 숫자가 늘어날수록 나의 좌절의 크기는 커져만 갔고 포기하고자 하는 마음도 강해져만 갔다. 그렇지 않아도 육체적 그리고 정식적으로 지쳐있는 상황인데 코로나까지 걸린 것이다.

하지만 포기 하지 않았다 한곳만 더 넣어 보자······.

다시 한곳만 더 넣어 보자······. 이렇게 넣다보니 어느새 300이라는 숫자를 넘어서게 되었고······. 최종적으로 대경북스라는 출판사와 인연을 맺게 되었다. 무슨 일이든 불가능은 없는 것 같다. 단 내가 포기하기 전까지는 말이다. 포기만 하지 않고 지속해 나간다면 그 어떤 힘들고 어려운 일도 거뜬히 해 내리라 믿는다.

지금은 온오프라인 모두에서 책을 찾아 볼 수 있다. 광화문 교보문고에서 경제/경영 코너 신간 매대에 깔려있는 10권이 넘는 내 책을 봤을 때의 느낌이 아직도 생생하다. 아들 희망이와 같이 갔었다. 그때 나의 감정도 좋았지만 희망이가 아빠를 바라보는 그 눈빛과 그 미소는 아마 죽어도 잊지 못할 것 같다.

이렇게 난 다시 한 번 투고의 어려움이라는 예상치 못한 일을 맞게 되었다. 하지만 당당히 지속이라는 강력한 무기로 그 예상치 못한 어려움도 이겨냈다.

📖 내 책은 이것이 장점이다.

내 책의 장점이라……

장점이라는 접근보다는 가장 강조하고 싶은 메시지를 전달하고 싶다.

전 세계를 설득하라! 그리고 전 세계를 우리의 내수 시장으로!

그러기 위해선 우리가 해야 할 일이 있고, 준비해야 할 부분이 있다. 이 책은 그 부분을 모두 가지고 있다. 그렇게 완벽히 준비된 책이다. 이 책과 함께 준비하고 최선을 다했으면 한다.

이 책은 미래의 해외영업인을 꿈꾸는 취준생들은 물론, 해외영업 조직에서 실무를 담당하고 있는 직원들, 기업을 운영하는 CEO, 경영진

그리고 해외영업 팀장 및 부문장들, 그리고 1인 기업으로 수출 및 수입업을 시작하고자 하는 모든 이들에게 해외영업의 길을 그리고 실질적인 업무를 상세하게 제시할 해외영업의 바이블이다.

*우선 해외영업'인'을 꿈꾸는 취준생들에게는 해외영업을 보다 정확히 이해하고 어떻게 준비해야 하는지 그리고 기본 개념적인 부분에서부터 실질적인 직무 설명까지 한번만 읽어 보아도 해외영업을 간접적으로 체험할 수 있는 친절한 안내서이다.

*그리고 현재 해외영업 조직에서 실무를 담당하고 있는 해외지역 영업담당자, 마케팅 매니저, 로지스틱 무역사무 담당자 그리고 해외 AS(고객지원) 등 모든 직원들에게는 직무별 역량을 강화하기 위한 실무 가이드북의 역할을 할 것이다.

*또한 기업을 운영하는 CEO, 경영진 그리고 해외영업 팀장 및 부문장들에게는 다양한 전략과 새로운 도전을 통해 지금까지 뚫지 못했던 신 시장을 개척하고 정체된 시장을 다시 활성화할 수 있도록 영업과 마케팅의 스펙트럼을 넓힐 수 있는 참고서가 되어 줄 수 있다.

*마지막으로 1인 기업으로 수출 및 수입업을 시작하고자 하는 모든 이들에게도 해외영업 및 국제 무역의 A부터 Z까지 기본적인 업무 프로세스를 익힐 수 있는 해외영업 매뉴얼이 되어 줄 것이다.

좀 더 팁을 드리자면, 이제 시작하시는 분들은 앞쪽에서부터 읽어 나가시면 좋을 것 같다, 그리고 현재 현업에 종사하시고 계신 분들의 경우는 목차에서 필요한 부분을 찾아서 읽는 것을 추천한다. 마지막으로 경영진들 팀장님들은 뒤쪽에서부터 읽어 보시는 것을 추천한다. 그리고 이 책에는 파란색으로 하이라이트 해 놓은 부분이 있다. 이 구분은 각 장마다 필자가 가장 강조하는 부분을 따로 구분해 놓았다. 이는 시간이 없으신 분들이나 꼭 해외영업일을 하지 않는 분들에게도 도움이 될 만한 부분을 구분해서 표시 해 둔 것이다. 이 부분을 집중해서 보시는 것 또한 추천한다.

해외영업의 모든 것을 담았다. A부터 Z까지…….
그리고 한 번도 경험하지 못한 사람들도 쉽게 이해 할 수 있도록 친절한 설명과 현장에서 실무하면서 직접 찍은 사진들을 구성하였다. 이보다 친숙하게 접근해 오는 책은 보지 못했을 것이다. 18년 해외영업의 고인물의 모든 숨은 노하우를 쉽게 그것도 너무도 쉽게 현장의 목소리로 모두 전달해 줄 것이다.

해외영업바이블 이라는 제목으로 많은 분들이 해외영업 '인'들만 봐야 한다고 생각 할 수도 있다. 하지만 이 책은 기본적으로 영업조직에서 필요한 모든 직무 활동에 대한 내용도 기술하고 있다. 그리고 가장 중요한 고객 관리와 고객을 대하는 마음과 태도에 대해서도 심도 있게 설명해 나가고 있다.

물론 전략적 마케팅 방법도 다양한 방법과 채널을 통해 진행해 나갈 수 있도록 가이드 해 놓았다. 처음 시작하는 사람들에게는 개념적 이해를 높여줄 것이다. 경력이 있는 분들에게는 다양한 마케팅적인 실무 접근법을 찾아 낼 수 있다.

📖 해외영업을 준비하는 취업준비생에게……

누구나 시도 할 수 있는 직종이다. 일단 도전 해봤으면 좋겠다.

난 영어를 잘 못하는데 난 무역 자격증이 없는데……
난 해외 연수 경험이 없는데……

이렇게 부족한 부분만 들여다보게 되면 1~3년은 그냥 스펙을 만들어 가는데 그 소중한 시간을 모두 써버리기 쉽다. 일단 현장에서 배우는 마음으로 직접 부딪혀 봤으면 좋겠다. 그 현장이라는 곳에서 해외영업이라는 직종을 몸으로 배우게 될 것이다.

하지만 누구나 쉽게 성공하기는 쉽지 않는 직종임을 기억하자. 한번 시작하시면 적어도 5~6년 정도는 쭉 해 보시는 것을 추천한다. 진정으로 바이어가 내 친구가 되는 그 순간의 짜릿함을 느껴 보았으면 한다.

📖 앞으로의 계획은……

이번 책은 해외영업에 관련된 책이었다면 다음 준비하고 있는 책은 마케팅 관련 책이다. 처음 목차에서 정리했던 그 5가지 모든 영역의 직무에 대한 책을 하나씩 써 내려가려고 한다.

79억 명이 하루하루를 살아가는 것에는 분명 경제적인 활동이 있을 것이고 그 경제적 활동의 바탕에는 지속할 수 있는 각자의 노하우가 있다고 생각한다. 그 79억 명의 삶에 숨어 있는 숨은 고수들의 노하우를 찾아내고 알려주고 서로 인지해 나가면서 도움을 주고받는 그런 내용의 소재를 다룬 책을 준비 중에 있다.

📖 지금 당신은 작가 입니까?

누군가가 이런 말을 해준 적이 있어 기억한다.

작가란 무엇인가? 책을 한권 써내면 그것이 작가인가? 아니다 책을 쓰는 일을 지속하는 것 그것이 그 사람이 진정한 작가인 것이다.

나는 지금 작가 인가?

그렇다 나는 이렇게 오늘도 한자 한 단어 한 문장 그리고 한 페이지를 써 내려간다.

그렇게 난 작가가 되어가고 있는 중이다……

작가라는 삶을 살아가면서…….

난 그렇게 작가가 되어가는 중이다.

이 페이지의 모든 글들이 여러분들께 조금이나마 도움이 되었으면 합니다.

맺음말

2022년 나를 가장 크게 바꾼 것이 있다면, 단연 메타버스라고 하겠다. 메타버스에서 이 모든 것이 시작되었다. 이런 가상의 세상이 없었다면 절대 만날 수 없었던 사람들과 계획했던 것보다 훨씬 많은 시간을 보냈다. 처음 메타버스에서 활동을 시작할 때, 사람들이 내 이야기를 들어주는 것이 신기했다. 오프라인에서는 절대 할 수 없는 이야기, 20년 지기 친구와도 나누지 못했던 개인적 관심사 '철학적 주제'를 꺼내 들었다. 오프라인에서는 분위기를 깬다고 핀잔을 들을 법한 이야기에도 관심을 가지는 사람들이 메타버스 안에 있었다.

한국 사람들은 모두 조금씩이라도 아바타로 활동하는 게임을 경험해 봤다고 할 수 있는데, 메타버스에서 만나는 아바타는 달랐다. 메타버스를 영혼을 잇는 다리로 설명하고 싶다. 메타버스 커뮤니티는 적절히 느슨하고, 적절히 긴밀하다. 메타버스나 현실이나 사람과의 관계에서는 신경써야 할 것이 많고, 항상 어렵다. 그러나 아직 미숙한 게임같은 화면을 한 메타버스의 안의 관계는 이전과 양상이 달라졌다. 모르는 사람들이 만나 같은 꿈을 꾸고 이루는 것은 힘든 일이다. 메타버스가 주는 관계는 커뮤니티가 느슨하면서도 사람들을 목표 지향적으로 만든다. 사회적 관계가 주는 피로도를 낮추면서도 연결을 만든다. 그 연결은 같은 꿈을 꾸는 사람들에게 응원이 되었다.

메타버스 이프랜드에서 만난 사람들과 수없이 나눈 이야기가 이 순간에 주마등처럼 스쳐 지나간다. 우리는 가장 가까운 사람들과도 나누기 어려웠던 이야기를 그 어떤 곳에서보다 편하고 깊이 있게 나누었다. 이야기에 동참하고 싶지 않은 사람들은 자리에서 떠나도 아무도 나무라지 않는다. 내가 원하는 이야기에만 동참하면 그만이다.

그 모든 순간들이 생산적이었다고 할 수는 없지만, 그 모든 순간 동안 우리는 서로의 내면을 들여다 보았다. 그 어떤 때보다 내적으로 가까운 친구들을 만났다고 확신한다.

그런 순간들이 이 책을 만들었다. 이 책을 쓰면서, 쉴새없이 지난 시간들을 리마인드 했다. 그 안에서 메타버스의 특징을 찾고, 메타버스 속 커뮤니티의 의미를 확인했다.

기술적인 측면에서, 미래를 예측하면서 메타버스를 정의한다는 것은 필자가 할 수 없는 영역이었다. 지난 8개월간의 메타버스에서의 경험을 토대로 메타버스를 정의하고, 이룰 수 있는 미래의 가능성을 확인했다. 그 모든 것이 경험의 산물 이었다.

책 안에서 수없이 이야기 했듯이, 현실의 연장선상이면서 이미 작동하는 미래 안에 들어와 있음을 확신했다. 그리고 커뮤니티로 우리가 메타버스의 미래를 만들고 있다고 생각한다.

중요한 것은 메타버스 커뮤니티의 현재와, 미래를 함께 만들고 있다는 점이다. 그 어떤 현실과 비교 할 수 없이 꿈을 실현하면서.

<90일 작가 프로젝트>를 함께 한 모든분들이 없었다면, 이 책도 지금 이 순간도 없었을 것이다. 각자의 삶에서 잠깐씩 쫌을 내서 함께 한 시간은 현실을 딛고 다시 꿈꾸게 만들었다.

이전 시대의 미래 학자들은 그것을 탈 권력화 탈 중앙화라고 불렀다. 나는 그것을 함께의 힘이고 메타버스 커뮤니티의 꿈이라고 말하고 싶다.

어른이 된 이후로 가장 설레는 순간을 <90일 작가 프로젝트>의 모든 구성원과 함께 했다. 이러한 경험을 초월적 경험의 세계라고 명명했지만, 그 이상이 있다는 것을 독자들께도 전달하고 싶었다. 메타버스는 또 다른 가치와 함께 탄생 중이고, 우리는 가장 먼저 꿈을 이뤘다. 이 책을 보는 분들도 두려운 시스템으로 메타버스를 바라보지 않고 새로운 실현의 장으로 활용하게 되기를 바라는 마음을 담았다.

개인적으로는 메타버스 안 세상에서 가장 인간적인 모습으로 절대적 선함과 절대적인 친절, 열정을 보여준 분들을 만난 것이 행운이라고 생각한다. 이 분들이 없었더라면, 아마 평생 꺼내보지 못했을 마음 속 이야기와 꿈을 꿀 용기를 되찾지 못했을 것이다. 어떤 허무맹랑한 이야기도, 살짝 모자란 철학적 의문도 함께 나눠 주고, 현실을 쪼개서 함께 있어 준 모든 아바타들을 기억한다. 그 불필요한 수다와 쓸데없는 시간들이 모두 행복했고 감사했다.

<90일 작가 프로젝트>에 함께 한 1기 27분과 2기 58분께 감사드립니다. 부족한 부분에도 이해해 주시고, 항상 응원해주시지 않았다면, 함께 한 시간들이 그토록 행복할 수는 없었을 것입니다.
죄송하고, 감사합니다.

이프랜드에서 함께 해주신 모든 IF친구분들께도 감사합니다.
태어나서 가장 많은 응원과 칭찬을 건네 주신 것에 다시 한번 감사드립니다. 세상 황홀한 시간이었습니다.

2023.01
올레비엔(김지혜)

게으름은 즐겁지만 괴로운 상태다. 우리는 행복해지기 위해서
무엇인가 하고 있어야 한다.

-마하트마 간디-

나의 어느 부분도 원래부터 있었던 것이 아니다.
나는 모든 지인들의 노력의 집합체다.

-척 팔라닉-

길을 잃는다는 것은 곧 길을 알게 된다는 것이다.

-동아프리카 속담-

예측은 매우 어려우며, 미래에 대해서는 특히 그렇다.

-닐스 보어-